Inhalt, Über den Autor, Symbole, Einleitung

Der West Highland Way

Reise-Infos von A bis Z

Der West Highland Way in 14 Etappen

Kleiner Sprachführer, Literaturtipps

Index

Abstieg vom Beinn Dorain

Mullach nan Coirean – Blick nach Osten ins Glen Nevis (he)

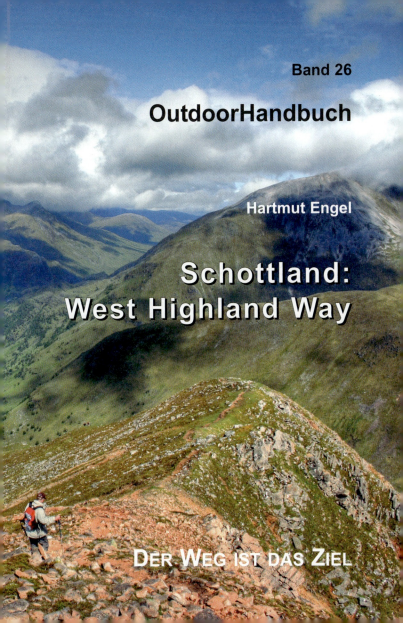

Schottland:

© Copyright Conrad Stein Verlag GmbH.
Alle Rechte vorbehalten.

Der Nachdruck, die Übersetzung, die Entnahme von Abbildungen, Karten, Symbolen, die Wiedergabe auf fotomechanischem Wege (z.B. Fotokopie) sowie die Verwertung auf elektronischen Datenträgern, die Einspeicherung in Medien wie Internet (auch auszugsweise) sind ohne vorherige schriftliche Genehmigung des Verlages unzulässig und strafbar.

Alle Informationen, schriftlich und zeichnerisch, wurden nach bestem Wissen zusammengestellt und überprüft. Sie waren korrekt zum Zeitpunkt der Recherche. Eine Garantie für den Inhalt, z.B. die immerwährende Richtigkeit von Preisen, Adressen, Telefon- und Faxnummern sowie Internet-Adressen, Zeit- und sonstigen Angaben, kann naturgemäß von Verlag und Autor - auch im Sinne der Produkthaftung - nicht übernommen werden.

Der Autor und der Verlag sind für Lesertipps und Verbesserungen (besonders als E-Mail) unter Angabe der Auflagen- und Seitennummer dankbar.

Dieses OutdoorHandbuch hat 170 Seiten mit 48 farbigen Abbildungen, 14 farbigen Höhenprofilen sowie 14 farbigen Kartenskizzen und 2 farbigen Übersichtskarten. Es wurde auf chlorfrei gebleichtem Papier gedruckt, in Deutschland klimaneutral hergestellt und transportiert (die Zertifikatnummer finden Sie auf unserer Internetseite) und wegen der größeren Strapazierfähigkeit mit PUR-Kleber gebunden.

Updates Verlagsprogramm Schnäppchen
www.conrad-stein-verlag.de

West Highland Way 5

OutdoorHandbuch aus der Reihe "Der Weg ist das Ziel", Band 26

ISBN 978-3-86686-315-6   6. überarbeitete Auflage 2010

© BASISWISSEN FÜR DRAUSSEN, DER WEG IST DAS ZIEL und FERNWEHSCHMÖKER sind urheberrechtlich geschützte Reihennamen für Bücher des Conrad Stein Verlags

Dieses OutdoorHandbuch wurde konzipiert und redaktionell erstellt vom Conrad Stein Verlag GmbH, Postfach 1233, 59512 Welver, Kiefernstr. 6, 59514 Welver,
☎ 0 23 84/96 39 12, FAX 0 23 84/96 39 13,
✉ info@conrad-stein-verlag.de, 🖥 www.conrad-stein-verlag.de.

Unsere Bücher sind überall im wohl sortierten Buchhandel und in cleveren Outdoorshops in Deutschland, Österreich und der Schweiz erhältlich.
Auslieferung für den Buchhandel:

D	Prolit, Fernwald und alle Barsortimente
A	freytag & berndt, Wolkersdorf
CH	AVA-buch 2000, Affoltern und Schweizer Buchzentrum
I	Leimgruber A & Co. OHG/snc Kaltern
BENELUX	Willems Adventure, LT Maasdijk
E	mapiberia f&b, Ávila

Text: Hartmut Engel
Fotos: Hartmut Engel (he), Ingrid Retterath (ir)
Karten: Heide Schwinn
Lektorat: Kerstin Becker
Layout: Manuela Dastig
Gesamtherstellung: AZ Druck und Datentechnik GmbH, Kempten

Titelfoto: Aufstieg auf den Stob Dearg mit Altnafeadh und Devil's Staircase im Tal (he)

Inhalt

Symbole, Über den Autor	9
Einleitung	10

Der West Highland Way — 12
Streckenführung — 13
Reisedauer und Etappeneinteilung — 14
Reisezeit — 17
Markierung — 18
Geografie — 18
Flora und Fauna — 20
Klima — 23

Reise-Infos von A bis Z — 24

Adressen	25	Medizinische Versorgung	46
An- und Abreise	28	Munro	47
Ausrüstung	32	Polizei, Post	49
Country Code	33	Rauchen	50
Countryside Ranger	35	Reiseveranstalter	50
Diplomatische Vertretungen	36	Sicherheitshinweise	51
Einreise	36	Sportveranstaltungen am	
Elektrizität	37	West Highland Way	53
Essen und Trinken	37	Stechfliegen, Mücken, Zecken	54
Geld	38	Telefon	56
Gepäcktransport	40	Trinkgeld, Trinkwasser	57
Haustiere, Information	41	Unterkunft	58
Jagdsaison	43	Updates	63
Kartenmaterial	43	Wettervorhersage	63
Lammsaison	44	Whisky	64
Maße und Gewichte	45	Zeit, Zoll	66

📖 farbige Übersichtskarten — 69-71

7

Der West Highland Way in 14 Etappen	68
Glasgow	70
Die Lowlands	73
1. Etappe: Milngavie - Carbeth	73
2. Etappe: Carbeth - Drymen	77
3. Etappe: Drymen - Balmaha	83
Loch Lomond	89
4. Etappe: Balmaha - Rowardennan	89
5. Etappe: Rowardennan - Inversnaid	96
6. Etappe: Inversnaid - Inverarnan	101
Die Täler der Highlands	108
7. Etappe: Inverarnan - Crianlarich	108
8. Etappe: Crianlarich - Tyndrum	113
9. Etappe: Tyndrum - Bridge of Orchy	118
10. Etappe: Bridge of Orchy - Victoria Bridge	126
Rannoch Moor	129
11. Etappe: Victoria Bridge - Kingshouse Hotel	130
Glen Coe	139
12. Etappe: Kingshouse Hotel - Kinlochleven	139
Am Fuße von Ben Nevis	145
13. Etappe: Kinlochleven - Lochan Lunn Da Bhra	145
14. Etappe: Lochan Lunn Da Bhra - Fort William	148
Kleiner Sprachführer, Literaturtipps	161
Index	166

Wir konnten es selbst kaum glauben ...

... aber der Conrad Stein Verlag war der erste Buchverlag in Deutschland, der konsequent klimaneutral produzieren und transportieren ließ.

Was bedeutet klimaneutral gedruckt?

Wir haben unsere Druckerei mit der klimafreundlichen Produktion beauftragt. Dabei wird nicht nur klimaneutral, sondern auch nachhaltig, d.h. so umweltschonend wie möglich produziert. Dafür sorgen die Druckerei mit eigenen Klimaschutzbestrebungen und wir durch die Auswahl von umweltfreundlichen Materialien.

Die von uns beauftragte Druckerei berechnet mit einem auf den Druckereibetrieb angepassten CO_2-Rechner die Emissionen, die durch die Fertigung des Druckauftrags entstehen. Papier, Farben, Lacke, Klebstoffe und der Betrieb von Maschinen verursachen beispielsweise das klimaschädliche Treibhausgas Kohlendioxid. Im Anschluss an die Berechnung werden Emissionsminderungszertifkate aus anerkannten Klimaschutzprojekten in Höhe des berechneten Emissionsausstoßes gekauft und nach den Kriterien des Kyoto-Protokolls stillgelegt bzw. gelöscht. Ist dieser Prozess abgeschlossen, wird die Drucksache mit dem Logo "klimaneutral" versehen. Wir bekommen eine Climate-Partner-Zertifikatsnummer mithilfe derer Sie unter 💻 www.climatepartner.com das Projekt finden, das mit der Abgabe gefördert wurde.

Nachhaltigkeit und angewandter Klimaschutz spielen für den Verbraucher eine große Rolle und werden verstärkt nachgefragt. Das Zeichen "klimaneutral" zeichnet ein Qualitätsprodukt aus, das mit einem hohen Grad an Verantwortungs- und Umweltbewusstsein hergestellt wurde. Wir vermitteln interessierten Verlagen gern Kontakt zu den verantwortlichen Stellen.

Vollgas - Treibhauseffekt - Klimachaos

Infos von
Greenpeace, 22745 Hamburg
www.greenpeace.de

GREENPEACE

Symbole

✋	Achtung!	💻	Homepage	🛒	Supermarkt
👁	Aussichtspunkt	🛏	Hotel, Gästehaus	☎	Telefon
	Bademöglichkeit	ℹ	Information	☺	Tipp
BANK	Bank/Bankomat	🏠	Jugendherberge, Bunkhouse	🎒	Travel-Lite-Depot
⌂	Bothy	⌘	Museum/Burg	Ü	Übernachtung
📖	Buchtipp, Karte	☏	öffentlicher Fernsprecher	ÜF	Übernachtung mit Frühstück
⛺	Campingplatz	WC	öffentl. Toilette	🚌✈🚢	Verkehrsmittel
@	E-Mail-Adresse	🚗	Pick-up-Service	☞	Verweis
🛍	Einkaufen	✉	Post	⛺	Wildzelten
☹	Enttäuschung	✕	Restaurant	🚐	Wohnmobil
📷	Fototipp				
📄	geöffnet ...				

Über den Autor

Seit mehr als 20 Jahren reist der Biologe Hartmut Engel mehrfach im Jahr nach Schottland, um dort allein oder in kleineren Gruppen auf Schusters Rappen das Land zu erkunden. Seit vielen Jahren schreibt er Artikel für verschiedene Zeitschriften und ist Autor zahlreicher Reise- und Sachbücher.

Ben Nevis - Auf dem Gipfel des höchsten britischen Berges

Im Conrad Stein Verlag sind von ihm in der Reihe Der Weg ist das Ziel weiterhin folgende Outdoor-Handbücher erschienen: "Schottland: Speyside

Way - Whisky Trail", "Schottland: Munros", "Irland: Shannon-Erne", "Irland: Kerry Way", "Nordirland: Coastal Ulster Way", "Schweiz: Jakobsweg vom Bodensee zum Genfersee", "Mallorca: Serra de Tramuntana", "Frankreich: Via Gebennensis" (mit Birgit Götzmann) und "Deutschland: Barbarossaweg". In der Reihe Basiswissen für draußen ist er Autor folgender OutdoorHandbücher: "Essbare Wildpflanzen" (mit Iris Kürschner), "Spuren und Fährten" (mit Stefan Zabanski) und "Urlaub auf dem Land".

Einleitung

Der West Highland Way, von vielen als der schönste schottische Fernwanderweg angesehen, ist zu einem echten "Renner" geworden und bei Wanderern "in". Inzwischen zählt der Weg jährlich mehr als 50.000 naturbegeisterte Schottlandfreunde, die ihn ganz oder zumindest in einzelnen Etappen erwandern.

Auch im deutschsprachigen Raum ist der West Highland Way der bekannteste und beliebteste schottische Fernwanderweg. Alljährlich brechen viele tausend Wanderer aus Deutschland, Österreich und der Schweiz nach Schottland auf, um sich auf diesen Wanderweg zu begeben. Daher ist es nicht verwunderlich, dass die erst kürzlich erschienene 5. Auflage des Outdoor-Führers zum West Highland Way schon wieder ausverkauft ist.

Die Ihnen hier vorliegende 6. Auflage wurde komplett überarbeitet und mit zahlreichen Aktualisierungen und vielen Ergänzungen versehen.

Berücksichtigt wurde dabei auch die geänderte Streckenführung: Der West Highland Way endet seit kurzem nicht mehr am Rande von Fort William auf dem Parkplatz eines als Besucherzentrum getarnten großen Souvenirshops, sondern standesgemäß im Zentrum der Highlandmetropole.

Das vorliegende Buch wird Ihnen sowohl bei der Vorbereitung der Reise helfen als auch ein verlässlicher Begleiter während der Wanderung sein. Es liefert alle für eine Tour auf dem Fernwanderweg relevanten Informationen, wie z.B. Streckenführung, Höhendiagramm, Unterkunftsmöglichkeiten,

Sehenswürdigkeiten und andere wissenswerte Fakten. Darüber hinaus wird zu jeder Etappe eine Karte geliefert, die zur Orientierung entlang des gut markierten West Highland Way an sich völlig ausreicht. Für den eher unwahrscheinlichen Fall, dass Sie sich im Gelände verlaufen sollten, empfiehlt es sich dennoch, eine der zahlreichen im Handel erhältlichen Wanderkarten (☞ Reise-Infos von A bis Z, Karten) mit auf die Reise zu nehmen. Unerlässlich sind weitere Wanderkarten auch dann, wenn Sie planen, an der einen oder anderen Stelle vom eigentlichen Wanderweg abzuweichen.

Die Beschreibung des Weges erfolgt in 14 Einzeletappen, wobei die Länge einer Etappe in der Regel 10 bis 15 km beträgt. Die Etappenziele sind nach Möglichkeit so gewählt, dass dort Unterkünfte vorhanden oder leicht erreichbar sind. Die Einteilung in einzelne Etappen bedeutet nicht, dass es sich dabei jeweils um Tagesetappen handelt. Vielmehr können Sie je nach Lust und Kondition mehrere Einzeletappen zu einer Tagestour zusammenstellen.

Am Ende jeder Etappenbeschreibung werden Unterkunftsmöglichkeiten und Verkehrsanbindungen genannt. Teilweise haben Sie am Zielort keine große Auswahl, was die Herbergen angeht. In den kleinen Hochlandorten gibt es oft nur wenige Quartiere, von denen die meisten aufgeführt werden.

In den größeren Orten konnte aus Platzgründen nur eine Auswahl getroffen werden. Hier wird in erster Linie auf solche Quartiere verwiesen, die möglichst nah am Wanderweg liegen oder von denen bekannt ist, dass sie Wanderer gern aufnehmen.

Weitere Adressen von Quartieren können Sie bei den jeweiligen Touristenbüros bekommen (☞ Reise-Infos von A bis Z, Information).

In die einzelnen Etappenbeschreibungen sind auch Herbergen aufgenommen, die nicht am Etappenende, sondern entlang der Route liegen und sich für Übernachtungen anbieten. Informationen über diese Unterkünfte finden Sie bei den Wegbeschreibungen an den entsprechenden Stellen.

Bei vielen Etappen werden zusätzlich zum eigentlichen Weg noch lohnende kurze Abstecher oder interessante längere Touren beschrieben. Für diese Abweichungen vom West Highland Way benötigen Sie dann in der Regel zusätzliches Kartenmaterial.

Hartmut Engel

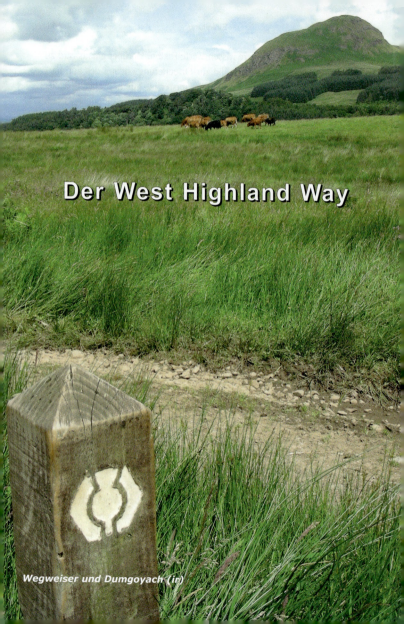

Der West Highland Way

Wegweiser und Dumgoyach (ir)

Der West Highland Way ist der **erste offizielle Fernwanderweg Schottlands**. Mit der Planung eines durchgängigen Fernwanderweges zwischen Glasgow und Fort William wurde bereits in den 60er Jahren des vorigen Jahrhunderts begonnen. Am 6. Oktober 1980 war es dann endlich so weit: In Anwesenheit von illustren Gästen eröffnete Minister Lord Mansfield in Balmaha feierlich Schottlands ersten Fernwanderweg. Aber schon lange vorher waren große Teile der heutigen Route beliebte Wanderwege, die jährlich von vielen tausend naturbegeisterten Wanderern benutzt wurden. Schon in den 30er und 40er Jahren wurden diese Abschnitte in den damaligen Outdoor-Magazinen ausführlich beschrieben.

Von der Idee bis zur Eröffnung des Weges vergingen mehr als 15 Jahre. In dieser Zeit wurden vorhandene Pfade und Wege ausgebessert und zum Teil befestigt sowie Markierungspfähle gesetzt. An einigen Stellen wurden auch Brücken über Bäche oder Flüsse gebaut, sodass Sie nun das Gewässer trockenen Fußes überqueren können. Vor allem aber wurde mit Landbesitzern verhandelt, um den Weg über deren Ländereien führen zu können.

Seit der Eröffnung im Oktober 1980 ist der West Highland Way zum beliebtesten Fernwanderweg in Schottland und zu einem wichtigen wirtschaftlichen Faktor geworden. Viele Herbergen entlang des Weges leben von den Wanderern. In Milngavie und Fort William werden Bücher, Videos und Karten zum West Highland Way verkauft. Man erhält T-Shirts, Mützen, Becher, Sticker und vieles mehr mit dem West Highland Way Logo.

Obwohl jährlich etwa 50.000 Personen den gesamten Weg oder auch nur einzelne Streckenabschnitte erwandern, ist dieser Fernwanderweg in den meisten Abschnitten noch nicht überlaufen, und Naturliebhaber, die sich lieber abseits vom Touristenrummel bewegen, kommen auf den meisten Streckenteilen voll auf ihre Kosten.

Streckenführung

Der West Highland Way ist seit der Verlegung des Endpunktes vom Stadtrand in das Zentrum von Fort William 2 km länger als früher. Vom Start bis zum Ziel sind 154 km zurück zu legen. Alle Anstiege zusammen gerechnet müssen Sie auf der gesamten Strecke Sie eine Höhendifferenz von insgesamt 4.500 m bewältigen. Er beginnt in **Milngavie** im Norden von Glasgow. Der erste Streckenabschnitt führt durch hügeliges, meist landwirtschaftlich genutztes Gelände zum **Loch Lomond**, Schottlands größtem Süßwassersee. Danach verläuft er weiterhin am Ostufer des Sees, passiert dann die **Highland-Boundary-Fault** und gelangt am nördlichen Ende des Sees ins **Glen Falloch**, ein Tal mit einem reißenden Fluss.

Durch eine immer schroffer und gebirgiger werdende Landschaft kommen Sie ans **Rannoch Moor**, Schottlands größtes zusammenhängendes Moorgebiet. An der Westseite des Moores entlang gelangen Sie zum Eingang des berühmt-berüchtigten Tales **Glen Coe**.

Von dort geht es über einen steilen Pass nach **Kinlochleven**, einer Industriestadt mitten in der Wildnis der Highlands. Den letzten Abschnitt bestimmt dann **Ben Nevis**, der höchste Berg Großbritanniens, an dessen Fuß der Weg endet.

Mit Ausnahme der Inseln besitzt der West Highland Way so gut wie alles, was Schottland an Natur und Landschaft zu bieten hat: Eine einzigartige Möglichkeit, das Land im Kleinen kennen zu lernen.

Für die Streckenführung wurden keine neuen Pfade oder Wege angelegt. In den Lowlands verläuft der Wanderweg zum größten Teil auf alten Farmstraßen oder stillgelegten Bahntrassen.

In den Highlands werden die alten Pfade der Viehtreiber genutzt, auf denen das Vieh aus den Weidegebieten zu den Märkten im Süden getrieben wurde, und die heute nicht mehr benutzten Militärstraßen, die im 18. Jahrhundert von den Engländern zur Kontrolle der aufsässigen Hochlandclans geschaffen wurden.

Reisedauer und Etappeneinteilung

Sie benötigen für die gesamte Wanderung mindestens eine Woche. Das setzt aber voraus, dass Sie in der Lage sind, 20 bis 25 km pro Tag durch zum Teil schwieriges, bergiges Gelände zu wandern. Abstecher sind dann kaum mehr möglich.

☺ An den meisten Etappenzielen lassen sich aber sehr lohnende Tageswanderungen und Ausflüge einschieben. Wenn Sie über genügend Zeit verfügen und auch abseits des Weges das Eine oder Andere sehen wollen, sollten Sie mit An- und Abreise eine **Reisedauer** von 14 Tagen vorsehen.

Wegen der guten Verkehrsanbindung an den jeweiligen Etappenzielen können Sie ohne Schwierigkeiten bestimmte Etappen auslassen oder auch nur einzelne Strecken erwandern.

Manche sind der Meinung, dass sich die Wanderung eigentlich erst ab Balmaha am Loch Lomond richtig lohnt. Ich denke aber, dass man die Berge und die Einsamkeit in den Highlands erst dann richtig ermessen kann, wenn man vorher die Lowlands kennen gelernt hat.

Beginnen Sie Ihre Wanderung also in **Milngavie,** und lassen Sie die ständigen Landschaftsänderungen auf sich wirken.

Etwa 80 % der Wanderer nehmen sich für den West Highland Way 7 Tage Zeit und teilen die Etappen wie folgt ein:

1. Tag: Milngavie - Drymen	19 km
2. Tag: Drymen - Rowardennan	24 km
3. Tag: Rowardennan - Inverarnan	22 km
4. Tag: Inverarnan - Tyndrum	21 km
5. Tag: Tyndrum - Kingshouse	30 km
6. Tag: Kingshouse - Kinlochleven	14 km
7. Tag: Kinlochleven - Fort William	25 km

Viele Wanderer mit guter Kondition bevorzugen folgende Variante:

1. Tag: Milngavie - Balmaha	31 km
2. Tag: Balmaha - Inverarnan	34 km
3. Tag: Inverarnan - Bridge of Orchy	32 km
4. Tag: Bridge of Orchy - Kinlochleven	33 km
5. Tag: Kinlochleven - Fort William	25 km

Aber wie gesagt: Sie sind völlig frei in der Zusammenstellung Ihrer ganz persönlichen Etappeneinteilung.

☺ Obwohl der West Highland Way grundsätzlich auch von Fort William aus in Richtung Süden nach Glasgow begangen werden kann, ist die umgekehrte Richtung unbedingt vorzuziehen. Sie fangen im Süden mit dem wesentlich einfacheren Gelände an.

Nach Norden hin werden ständig höhere Anforderungen an Kondition und Wandertechnik gestellt. Wandern Sie Richtung Norden, scheint die Sonne von hinten, und Sie werden nicht geblendet. Wind und Regen kommen meist aus West bis Südwest, sodass Sie bei nördlicher Wanderrichtung beides eher im Rücken haben und nicht im Gesicht. Schließlich ist der Blick nach Norden fast überall interessanter als der Blick in entgegengesetzter Richtung.

Wenn Sie in Nord-Süd-Richtung wandern, werden Ihnen entlang des Weges ständig andere Wanderer entgegenkommen, die die "richtige" Richtung eingeschlagen haben. Für Zeitgenossen mit einem großen Kommunikationsbedürfnis ist dies sicher ein Vorteil.

Bitte bedenken Sie, dass der West Highland Way kein Weg für einen Sonntagsspaziergang ist, sondern ein langer Bergwanderweg, der eine entsprechende Ausrüstung (☞ Reise-Infos von A bis Z), Erfahrung und gute Kondition voraussetzt.

☺ Wem der West Highland Way zu schwierig ist oder wer mit kleinen Kindern in Schottland wandern möchte, dem sei der in der Region Speyside liegende Whisky Trail empfohlen, der für viele als ideale Einführung in das Langstreckenwandern gilt.

📖 **Schottland: Speyside Way - Whisky Trail** von Hartmut Engel, OutdoorHandbuch Der Weg ist das Ziel, Band 43, Conrad Stein Verlag, ISBN 978-3-89392-643-5, € 14,90

☺ Wer anspruchsvolle Tageswanderungen liebt, findet in der schottischen Bergwelt ein reichhaltiges Betätigungsfeld. Eine Vielzahl von erstklassigen Bergtouren aller Schwierigkeitsgrade führt auf die höchsten britischen Berge. Bei Bergwanderern sind dabei vor allem die 284 sog. Munros (Berge mit einer Höhe von über 3.000 Fuß) von Interesse.

📖 **Schottland: Munros** von Hartmut Engel, OutdoorHandbuch Der Weg ist das Ziel, Band 246, Conrad Stein Verlag, ISBN 978-3-86686-246-3, € 12,90

✋ Der West Highland Way ist ausschließlich für Wanderer angelegt worden. **Radfahren ist nur auf wenigen kurzen Streckenabschnitten erlaubt.**

Leider sieht man in letzter Zeit immer mehr Leute mit Mountainbikes, die den gesamten Weg abfahren. Dies hat für den empfindlichen Untergrund zum Teil schlimme Folgen. Bitte nutzen Sie den Wanderweg nicht als Mountainbike-Strecke.

Reisezeit

Entsprechende Ausrüstung und Erfahrung vorausgesetzt, können Sie den West Highland Way während des ganzen Jahres erwandern. In den Monaten von Oktober bis März müssen Sie aber überall mit Schnee und Eis und zum Teil arktischen Verhältnissen rechnen.

✋ Bitte bedenken Sie auch, dass viele Unterkünfte im Winter geschlossen sind.

Die eigentliche **Wandersaison** ist von April bis September. Die schönste Zeit ist von Mitte April bis Ende Juni. Der Frühling lässt alle Pflanzen in hellen Farben erstrahlen, und nur wenige Touristen verirren sich in die Gegend. Außerdem sind Mai und Juni die regenärmsten Monate in Westschottland.

Im Juli und August ist Hochsaison. Quartiere müssen unbedingt reserviert werden. Auf dem Weg und in den Orten werden Ihnen viele Wanderer begegnen.

✋ Hochsaison ist dann auch für die kleinen, unangenehmen *midges* (☞ Reise-Infos von A bis Z, Stechfliegen und Mücken), die in diesen Monaten unter bestimmten Bedingungen in dunklen Wolken über den Wanderer herfallen. Wenn möglich, sollten Sie diese Monate meiden.

Angenehmer wird es dann wieder im September und Anfang Oktober. Die Touristenmassen sind verschwunden, die Luft ist oft besonders klar, und unter einem tiefblauen Himmel leuchten die sich bunt färbenden Blätter der Laubbäume.

Markierung

Der West Highland Way ist über die gesamte Länge sehr gut markiert. In der Regel besteht die **Markierung** aus quadratischen Holzpfählen, die eine stilisierte Distel, die Nationalblume Schottlands, tragen. An einigen Stellen lassen sich die Pfähle in der Vegetation nur schwer ausmachen, besonders im Sommer, wenn der bis zu mannshoch werdende Farn die Pfosten verdeckt.

Geografie

Schottland bedeckt inklusive seiner Inseln eine Fläche von knapp 80.000 km², was in etwa der Größe Österreichs entspricht.

Der südlichste Punkt des Landes liegt ziemlich genau auf dem gleichen Breitengrad wie Flensburg, Deutschlands nördlichster Stadt.

Im Norden reichen die zu Schottland gehörenden Shetland-Inseln weit über den 60. Breitengrad hinaus. Sie liegen auf der gleichen Breite wie Bergen in Norwegen.

Schottland und England gehören zu einem uralten Gebirgsrücken, der sich weiter in einem riesigen Halbkreis über Norwegen, Spitzbergen und Grönland bis nach Nordamerika hinzieht. In den Highlands wurden die ältesten Gesteine Europas gefunden. Sie stammen aus dem Präkambrium, einer Zeit vor 2,8 bis 1,4 Mrd. Jahren.

Die heutige Oberflächengestalt Schottlands ist ein Produkt ausgedehnter tektonischer und eiszeitlicher Prozesse. Bewegungsvorgänge in der Erdkruste sowie Vulkanismus haben zu mehreren auffälligen, heute noch gut sichtbaren **Grabenbrüchen** bzw. **Verwerfungsfalten** in Schottland geführt. Von Süden nach Norden gesehen sind das die **Southern-Upland-Fault**, die **Highland-Boundary-Fault** und die **Great-Glen-Fault**.

Die **Southern Uplands** sind die südlichste Landschaft Schottlands. Sie sind der erodierte Rest eines größeren Gebirges. Heute reichen die höchsten Gipfel nur noch bis knapp 850 m. Das Land wird im Wesentlichen als extensive Schafweide genutzt.

Wer stört denn da? (he)

Nach Norden hin, durch die Southern-Upland-Fault abgegrenzt, schließen sich die **Lowlands** an. In dieser mittelschottischen Senke, die kaum größere Erhebungen hat, leben ¾ der schottischen Bevölkerung. Hier befinden sich die großen Industriezentren und die größten Städte mit **Glasgow** und der Hauptstadt **Edinburgh**. Auf dem fruchtbaren Boden wird viel Ackerbau betrieben.

Die Highland-Boundary-Fault, die während der Wanderung überquert wird und gut zu erkennen ist, trennt die Lowlands von den **Highlands** im Norden. Die Highlands, ein zum Teil stark zerklüftetes, bergiges Gelände, sind das eigentliche Ziel der meisten Schottlandbesucher. Hier liegen die höchsten britischen Berge (Ben Nevis, Endpunkt der Wanderung), und die Fjorde dringen tief ins Landesinnere vor. Das Klima ist rau und der Boden karg.

Unter diesen Bedingungen leben heute nur noch etwa 200.000 Einwohner in den Highlands, das sind gerade 4 % der Gesamtbevölkerung Schottlands. Hier ist die Heimat der Clans, die häufig nur noch als "internationale Trachtenvereine" angesehen werden. Neben extensiver Weidewirtschaft sind die Jagd- und Forstwirtschaft sowie in immer stärkerem Ausmaß der Tourismus die Erwerbsquelle der wenigen Bewohner. In den Küstenorten kommt noch in bescheidenem Ausmaß die Fischwirtschaft hinzu.

Die Highlands werden noch durch einen großen Grabenbruch, die **Great-Glen-Fault**, unterteilt. Im Süden liegen die **Grampian Highlands** und im Norden die **North Western Highlands**.

Der West Highland Way erreicht am Ende des Weges bei Fort William diesen Grabenbruch, der auch heute noch gut zu erkennen ist. Er verläuft in einer relativ geraden Linie von der Nordsee über Inverness, Loch Ness, Fort William und Loch Linnhe weiter in den Atlantischen Ozean.

Zwischen Fort William und Loch Ness wurde eine Wasserstraße geschaffen, der **Kaledonische Kanal**. Heute wird die Verbindung zwischen Nordsee und Atlantischem Ozean aber nur noch von Freizeitkapitänen genutzt.

Flora und Fauna

Flora

Abgesehen von dem dicht besiedelten Industriegebiet zwischen Edinburgh und Glasgow ist Schottland fast menschenleer und nahezu ohne nennenswerte industrielle Anlagen. Umweltverschmutzungen halten sich noch in Grenzen.

Von den mehr als 1.700 Seen haben die meisten eine sehr gute Wasserqualität. 95 % aller Flüsse haben Trinkwasserqualität, weniger als 1 % sind stark verschmutzt oder biologisch tot.

Zum Schutz von Pflanzen, Tieren und Landschaft wurden 250 Naturreservate und Schutzgebiete eingerichtet. Dies alles schafft ideale Bedingungen für das Überleben seltener Pflanzen und Tiere.

Wenn man sich heute die nahezu baumlose schottische Landschaft ansieht, mag man gar nicht glauben, dass nach der letzten Eiszeit fast ganz

Schottland von Wald bedeckt war. Dominierendes Element war eine Kiefernart. Dieser sogenannte **Kaledonische Kiefernwald** wurde seit der Steinzeit "genutzt". Bereits im Mittelalter waren große Flächen baumlos. Den endgültigen Todesstoß erhielt der Wald im 18. und 19. Jahrhundert, als bei der aufkommenden Industrialisierung ungeheure Mengen Holz verbraucht wurden. Heute sind nur noch wenige spärliche Reste vorhanden und unter großem Aufwand wird versucht, Teile wieder aufzuforsten.

Dies ist insofern jedoch schwigig, weil sich inzwischen in den baumlosen Gebieten nährstoffarme **Heiden** und **Moore** gebildet haben, ein durch menschliche Eingriffe bedingtes Degenerationsstadium der Landschaft.

Während wir in der deutschen Sprache klar zwischen Mooren und Heiden trennen, werden im englischen Sprachgebrauch beide Landschaftstypen unter dem Oberbegriff *moor* zusammengefasst. Der Begriff ist daher eher mit dem skandinavischen *Fjell* vergleichbar.

Ein schottisches Moor ist also nicht zwangsläufig ein feuchtes oder nasses Gelände. Typisch dafür sind die trockenen Heidemoore der Grampians. Hier dominieren Besenheide, Blaubeeren, Ginster und Farne.

Das riesige **Rannoch Moor**, durch das der West Highland Way in der 11. Etappe verläuft, ist dagegen ein typisches feuchtes Moor, wie wir es uns vorstellen.

Grundlage bilden Torfmoose, auf denen z.B. Glockenheide, Wollgras und Gagelstrauch als typische Moorbewohner wachsen. Dieser sehr feuchte bis nasse Moortyp, auch Deckenmoor genannt, ist großflächig vor allem im Norden der North Western Highlands und auf den Äußeren Hebriden verbreitet.

Botanische Besonderheiten sind in den gemäßigten und kühleren Breiten in der Regel nicht wie ihre Pendants in den Tropen farbenfroh und groß, sondern eher unscheinbar und klein. Mit einiger Aufmerksamkeit werden Sie aber dennoch viele seltene Pflanzen entlang des West Highland Way entdecken können, z.B. verschiedene Orchideenarten oder fleischfressende Pflanzen (wie den Sonnentau), die einen Teil ihres Nährstoffbedarfs dadurch decken, dass sie Insekten verdauen.

Nicht unerwähnt bleiben darf natürlich die **Distel**, die überall in Schottland häufig vorkommt. Sie ist die schottische Nationalblume und wurde von den Initiatoren des West Highland Way auch zu dessen Symbol gewählt.

Fauna

Schottlands Tierwelt ist vor allem für die riesigen **Seevogelkolonien** bekannt, die die Küsten des Landes besiedeln. Auch entlang des West Highland Way werden Sie von einer Vielzahl von Vögeln begleitet.

In den Lowlands sind es im Wesentlichen Singvogelarten, während Sie mit etwas Glück in den Highlands Moorhühner (*grouse*) oder sogar Adler beobachten können.

Obwohl das Land noch relativ reich an Säugetieren ist, werden Ihnen außer Eichhörnchen und wild lebenden Ziegen und Hirschen kaum andere frei lebende Säugetiere begegnen. Wegen der kühlen Sommer sind Amphibien, Reptilien und Insekten nur spärlich vertreten.

Auch Ziegen fühlen sich im Hochland wohl (he)

Reich ist dagegen die **Fischfauna**. Forellen und Lachse erfreuen nicht nur den Naturliebhaber, sondern auch den Gourmet. Eine Besonderheit beherbergt Loch Lomond. Hier lebt ein **Süßwasserhering**, den es sonst nirgends auf der Welt gibt. Wenn Sie Glück haben, wird Ihnen dieser Fisch schmackhaft geräuchert zum Frühstück von Ihrer Wirtin serviert. Für manche, an eine andere Speisenzusammenstellung gewöhnte Kontinentaleuropäer, ist dies ein echter Härtetest am frühen Morgen.

Klima

Schottland liegt in einer Zone ozeanischen Klimas, in der das ganze Jahr über zum Teil starke **Westwinde** vorherrschen. Diese Winde bringen feuchte Luftmassen mit sich, die an den Bergen im Westen abregnen. Hier werden die größten **Niederschlagsmengen** mit 4.000 mm pro Jahr und mehr gemessen. In dem für sein regenreiches Wetter verrufenen Hamburg fallen dagegen nur 600 bis 700 mm Regen pro Jahr.

Je weiter man sich in Schottland der Ostküste nähert, desto eher sind die Wolken abgeregnet, und die Niederschlagsmengen werden entsprechend geringer. Dafür ist es im Osten im Winter aber deutlich kälter, weil der günstige Einfluss des Golfstromes fehlt. Eine Faustregel besagt, dass die Ostküste kühl und trocken ist, während es im Westen feucht und mild ist.

Die Monate mit den meisten Niederschlägen sind Dezember und Januar und interessanterweise Juli und August. Statistisch am wenigsten regnet es im Mai und Juni.

Ein Vergleich der durchschnittlichen **Tagestemperaturen** von Glasgow und Fort William, Start- und Endpunkt des West Highland Way, mit denen von Frankfurt zeigt deutlich den ozeanischen Charakter des Klimas. Im Januar liegen die durchschnittlichen Tagestemperaturen in den beiden genannten schottischen Orten zwischen +1 und +7°C, während sie in Frankfurt mit -2 bis +3°C deutlich darunter liegen. Im Juli herrschen in Frankfurt durchschnittliche Tagestemperaturen von 15 bis 25°C, in Glasgow und Fort William wird es dagegen nur zwischen 11 und 19°C warm.

Charakteristisch für das schottische Wetter ist auch seine Unbeständigkeit. Gutes und schlechtes Wetter wechseln sich häufig im Tagesrhythmus, manchmal sogar stundenweise ab. Morgens kann es wie aus Kübeln gießen, sodass man die eigene Hand nicht mehr vor Augen sieht und man schon mit dem Tag abgeschlossen hat. Wenige Stunden später herrscht oft wieder herrliches Wetter und vom strahlend blauen Himmel scheint die Sonne.

Auch räumlich schlägt das Wetter Kapriolen. Während es in einem Tal stürmt und regnet, kann es wenige Kilometer weiter schon ganz anders aussehen. Zusammenfassend kann man sagen: Die Schotten sind verlässlich, ihr Wetter ist es nicht.

Reise-Infos von A bis Z

Mittagspause am Dumgoyach (ir)

Adressen

Im Folgenden werden einige wichtige Anschriften genannt. Die Adressen der Touristikbüros finden Sie unter ☞ Information.

Verkehr

- BritRail, BritRail London, Sutton House, 158 Victoria Street, London SW1E 5LB, 🖳 www.britrail.com. Das deutsche Büro wurde inzwischen geschlossen. Der Kontakt ist nur über das Internet oder schriftlich mit der Hauptverwaltung in London möglich.
- Scotrail, Customer Relations, PO Box 7030, Fort William, PH33 6WX, ☏ 08 45/6 01 59 29, 🖳 www.scotrail.co.uk. Scotrail gehört inzwischen zur FirstGroup, die neben der Bah auch einige Buslinien betreibt. 🖳 www.firstgroup.com.

Nach der Liberalisierung auf dem Bahnmarkt gibt es inzwischen 25 versch. Eisenbahngesellschaften in Großbritannien. Einen Überblick gibt's unter:
🖳 www.chester-le-track.co.uk

Fähren zu den schottischen Inseln:

- Caledonian MacBrayne, The Ferry Terminal, Gaurock PA19 1QP, ☏ 01475/650100, FAX 01475/637607, 🖳 www.calmac.co.uk
- Northlink Ferries, Ferry Terminal, Gaurock, PA19 1QP, ☏ 08 45/6 00 04 49, 🖳 www.northlinkferries.co.uk

Während Caledonian MacBrayne die Inseln der Westküste Schottlands bedient, stellt Northlink Ferries die Verbindung zu den Shetland und Orkney Inseln her.

Überregionale Busverbindungen innerhalb Schottlands:

- Scottish Citylink Coaches, Buchanan Bus Station, Killermont Street, Glasgow G2 3NP, ☏ 0 87 05/50 50 50, 🖳 www.citylink.co.uk
- Postbus: Royal Mail Scotland, 102 Westport, Edinburgh EH3 9HS, ☏ 01 31/2 28 74 07, 🖳 www.royalmail.com

Umwelt- und Naturschutz, Kultur

Für die Einrichtung und administrativen Angelegenheiten von Naturschutzgebieten ist die staatliche Umweltbehörde **Scottish Natural Heritage** verantwortlich, die 1992 gegründet wurde.

- Scottish Natural Heritage, Great Glen House, Leachkin Road, Inverness IV3 NW, ☏ 0 14 63/72 50 00, 🖥 www.snh.org.uk

Dem **National Trust for Scotland** gehören über 100 historische Plätze und Gebiete wie Burgen, Schlösser, Gärten, Naturschutzgebiete und sogar Berge. Gegen einen relativ geringen Jahresbeitrag können Sie Mitglied werden. Im Gegenzug erhalten Sie vergünstigte Eintrittskarten und Informationsmaterial.

☺ Mitglieder des Deutschen Jugendherbergswerkes (DJH) erhalten bei allen Einrichtungen des National Trust ermäßigten Eintritt.

- National Trust for Scotland, 28 Charlotte Square, Edinburgh EH2 4ET, ☏ 01 31/2 43 93 00, FAX 01 31/2 43 93 01, 🖥 www.nts.org.uk

Der **John Muir Trust** ist eine Stiftung zum Schutz wilder Natur- und Landschaft, der in Schottland zahlreiche Gebiete betreut, die z.T. auch in seinem Besitz sind. Dazu gehören z.B. große Teile vom Ben Nevis. Wer die Arbeit unterstützen will kann Mitglied der Stiftung werden.

- John Muir Trust, 41 Commercial Street, Edinburgh EH6 6JD, ☏ 01 31/5 54 01 14, 🖥 www.jmt.org.

Um das kulturelle Erbe kümmert sich auch die staatliche Organisation **Historic Scotland**. Von ihr werden über 300 historisch bedeutende Stätten wie Schlösser und besondere Monumente aber auch geschützte Natur- und Kulturregionen betreut. Mitglieder der Organisation sparen auch hier bei den Eintrittspreisen.

- Historic Scotland, Longmore House, Salisbury Place, Edinburgh EH9 1SH, ☏ 01 31/6 68 86 00, FAX 01 31/2 43 93 01, 🖥 www.historic.org.uk

Die Organisation **Scottish Wildlife Trust** betreut eine Reihe von Naturschutzgebieten und gibt dazu Informationsmaterial heraus.

- Scottish Wildlife Trust, Cramond House, Cramond Glebe Road, Edinburgh EH4 6NS, ☎ 01 31/3 12 77 65, FAX 01 31/3 12 87 05, 🖥 www.swt.org.uk

Die **Forestry Commission** ist für die staatlichen Wälder zuständig. Sie ist u.a. verantwortlich für eine Reihe von Einrichtungen, wie z.B. Wanderwege, Mountainbike Trails oder Rastplätze.

- Forestry Commission, 231 Corstorphine Road, Edinburgh EH12 7AT, ☎ 01 31/3 34 03 03, 🖥 www.forestry.gov.uk

Wenn Sie in Schottland wandern, werden Sie mit ziemlicher Sicherheit auf eines der Schutzgebiete treffen, die der **Royal Society for the Protection of Birds** (RSPB) gehören.

Die Gesellschaft gibt Informationen heraus und hat in den meisten Schutzgebieten spezielle Stellen zum Beobachten von Vögeln eingerichtet.

- RSPB, North Scotland Office, Etive House, Beechwood Park, Inverness, IV2 3BW, ☎ 0 14 63/7 15 00, 🖥 www.rspb.org.uk

Von der **Royal Scottish Forestry Society** können Sie regional gegliederte Listen von privaten Wäldern erhalten, die der Öffentlichkeit zugänglich sind.

- Royal Scottish Forestry Society, 62 Queen Street, Edinburgh EH2 4NA, ☎ 01 31/2 25 81 42, 🖥 www.rsfs.org.uk

Wandern

Wandern, Bergwandern oder Bergsteigen gehören zu den beliebtesten Freizeitbeschäftigungen in Schottland. So ist es auch nicht weiter verwunderlich, dass eine Reihe von Organisationen entstanden sind, die sich diesen Tätigkeiten widmen. Der **Mountaineering Council of Scotland** und die **Rambler's Association for Scotland** sind Dachorganisationen, die verschiedene Institutionen unter sich vereinigen, die sich mit Wandern und Bergsteigen befassen. So werden von den Unterorganisationen z.B. neue Wanderwege angelegt oder bestehende unterhalten oder aber geführte Wanderungen oder Bergbesteigungen angeboten.

- Mountaineering Council of Scotland, The Old Granarey, West Mill Street, Perth PH1 5QP, ☎ 0 17 38/49 39 42, FAX 0 17 38/44 20 95, 🖥 www.mountaineering-scotland.org.uk

- Rambler's Association for Scotland, Kingfisher House, Milnathort, Kinross KY13 9DA, ☎ 0 15 77/86 12 22, 🖥 www.ramblers.org.uk/scotland

Eine besondere Rolle spielt die **Scottish Rights of Way Society**, die seit 145 Jahren über das Wegerecht wacht. In Schottland gilt ein besonderes Wegerecht, das sich von allen anderen Ländern, auch England und Wales, unterscheidet.

In Schottland besteht auf der Route zwischen zwei öffentlichen Plätzen ein allgemeines Wegerecht, wenn diese Strecke mindestens 20 Jahre lang regelmäßig benutzt wurde. Wird der Weg längere Zeit nicht mehr benutzt, dann erlischt das Recht wieder. Die Scottish Rights of Way Society wacht über die einzelnen Wegerechte und gibt entsprechende Informationen heraus.

- Scottish Rights of Way Society, 24 Annandale Street, Edinburgh EH7 4AN, ☎ 01 31/5 58 12 22, 🖥 www.scotways.com

An- und Abreise

Zur An- bzw. Abreise nach und von Schottland stehen Ihnen alle gängigen Verkehrsmittel zur Verfügung, und es hängt nur von Ihren individuellen Wünschen und Ihrem Geldbeutel ab, welches Transportmittel und welche Route Sie wählen.

Da Sie als Wanderer vor Ort nicht auf ein eigenes Auto angewiesen sind, ist die einfachste und schnellste Möglichkeit der Flug. Inzwischen gibt es zahlreiche Verbindungen von Deutschland, Österreich und der Schweiz nach Glasgow, oder Edinburgh.

Dem Ausgangspunkt der Wanderung kommen Sie am nächsten, wenn Sie zum Glasgow International Airport fliegen. Direktflüge bietet **easyjet** von Berlin und Genf sowie die **Deutsche Lufthansa** von Frankfurt.

Der Flughafen liegt nur 13 km vom Zentrum entfernt. Ein Zubringerbus bringt Sie zum nahe gelegenen Bahnhof Paisley Gilmour Street, von dem aus in kurzen Abständen Züge ins Zentrum verkehren. Darüber hinaus fahren eine Reihe von Linienbussen vom Flughafenterminal in verschiedene Stadtteile Glasgows sowie in andere Orte Schottlands. Der Taxistand ist unmittelbar am Busbahnhof. Für die Fahrt ins Zentrum müssen Sie ab etwa £ 20 rechnen.

Eine mögliche Alternative bietet der Flughafen Edinburghs, der von zahlreichen Airlines angeflogen wird. Ryanair fliegt von Hamburg-Lübeck, Bremen, Berlin, Frankfurt-Hahn und Memmingen nach Edinburgh. easyjet und der schottische Billigflieger flyglobespan bieten Flüge von Genf an. Germanwings fliegt von Köln aus, die Lufthansa von Frankfurt.

Wer sich nicht scheut umzusteigen, dem bieten sich eine Fülle weiterer Möglichkeiten an, Glasgow oder Edinburgh aus der Luft zu erreichen. Flüge mit Zwischenlandung werden von nahezu jedem größeren Flughafen in Deutschland, Österreich und der Schweiz von verschiedenen Linienfluggesellschaften (z.B. Lufthansa, swiss, Austrian, British Airways, KLM) angeboten.

- Austrian, www.aua.com
- British Airways, www.britishairways.com
- easyJet, www.easyjet.com
- flyglobespan, www.flyglobespan.com
- Germanwings, www.germanwings.com
- Lufthansa, www.lufthansa.com
- KLM, www.klm.com
- Ryanair, www.ryanair.com
- swiss, www.swiss.com

Inzwischen bieten nicht nur die "Billigfluggesellschaften" Flüge zu sehr günstigen Konditionen an. Auch die traditionellen Linienfluggesellschaften haben dieses Marktsegment entdeckt. Allerdings gibt es meist nur eine eng begrenzte Anzahl der besonders billigen Plätze. Wer zeitlich nicht an einen bestimmten Termin gebunden ist oder früh buchen kann, hat die größten Chancen, besonders preiswerte Flüge zu bekommen.

Achten Sie bei vermeintlich besonders günstigen Angeboten darauf, ob auch alle von Ihnen gewünschten Leistungen im Preis enthalten sind. So verlangen einige Billigfluggesellschaften für aufgegebene Gepäckstücke zusätzlich Gebühren, die in manchen Fällen höher als der gesamte Flugpreis sein können. Gebühren werden z.T. auch fällig, wenn man nicht mit der von der Fluggesellschaft ausgegebenen Kreditkarte zahlen möchte.

Bei den meisten Lowcost-Airlines werden keine festen Sitzplätze vergeben, deshalb kommt es beim Boarding oft zu Drängeleien. Wollen Sie zu den ersten gehören, die abgefertigt und an Bord gelassen werden, können Sie sich diesen Vorteil mit der Zahlung einer weiteren Gebühr erkaufen. Aber Vorsicht: Hat der Flieger nicht direkt am Gate angedockt und steht auf dem Vorfeld, dann erfolgt der Transfer zum Flugzeug mit einem Flughafenbus. Sie werden zwar als einer der ersten in den Bus gelassen, sind dann aber auch auf Ihre Schnelligkeit und möglicherweise Ihre Ellenbogen angewiesen, wenn Sie zu den ersten gehören wollen, die den Flieger erstürmen. Denn im Bus sitzen auch Passagiere, die diesen Service nicht gebucht haben.

Da sich die Flugpläne, -routen und -preise ständig ändern, sollten Sie sich vor Antritt der Reise in Ihrem Reisebüro oder im Internet nach den günstigsten Möglichkeiten erkundigen.

Um mit dem **Pkw** nach Schottland zu kommen, müssen Sie zunächst Kanal oder Nordsee überqueren. Dazu stehen Ihnen eine Vielzahl von **Fährverbindungen** und der **Eurotunnel** zur Verfügung.
- Eurotunnel, ☎ 01 80/5 00 02 48, 🖥 www.eurotunnel.com

Die Häfen auf der Kontinentseite erstrecken sich in einer langen Linie entlang der französischen, belgischen und holländischen Küste. Gegenüber liegen die britischen Häfen Südenglands. Hier gibt es schnelle Fähren, die nur wenig mehr als eine 30 Min. für die Überfahrt benötigen.

Allerdings sollten Sie bedenken, dass Sie von hier noch eine sehr lange Fahrt nach Schottland vor sich haben.

Günstiger sind die täglichen Verbindungen von Zeebrügge oder Rotterdam nach Hull, das schon auf halbem Weg nach Schottland liegt.
- P&O North Sea Ferries, Graf-Adolf-Str.41, 40210 Düsseldorf, ☎ 0 69/50 98 55 55, 🖥 www.ponsf.com

Noch weiter in den Norden bringt Sie die Reederei DFDS Seaways. Von Ijmuiden (Amsterdam) besteht eine tägliche Verbindung nach Newcastle. Von Newcastle müssen Sie dann mit knapp 4 Stunden Autofahrt bis Glasgow rechnen.
- DFDS Seaways, Högerdamm 41, 20097 Hamburg, ☏ 0 18 05/30 43 50, 🖥 www.dfdsseaways.de

Schottland am nächsten kommen Sie über die Fährverbindung Zeebrügge (Belgien) nach Rosyth bei Edinburgh der Reederei **Norfolkline** mit täglichen Abfahrten.
- Norfolkline, ☏ +44/2 08/1 27 83 03, 🖥 www.norfolkline.de

Besonders zu den Hauptreisezeiten sollten Sie die Passage rechtzeitig buchen.

Die Anreise mit der **Bahn** erfolgt über London. Je nach Startbahnhof müssen Sie mit bis zu 30 Std. Fahrzeit bis Glasgow rechnen. Von London fahren Züge verschiedener Gesellschaften in regelmäßigem Takt nach Glasgow. Die schnellste Verbindung beträgt etwa 4½ Stunden. Darüber hinaus fährt ein Nachtzug (nur Schlafwagen) die Strecke London - Glasgow - Fort William.
- Eurostar, ☏ +44/2 07/9 28 51 63, 🖥 www.eurostar.com
  (regelmäßige Verbindungen von Paris und Brüssel nach London)
- Virgin Trains, ☏ +44/8 70/0 10 11 27, 🖥 www.virgintrains.co.uk
  (von London Euston nach Glasgow und Fort William)
- Great North Eastern Railway, ☏ +44/84 57/22 53 33, 🖥 www.gner.co.uk
  (von London King's Cross nach Edinburgh und Aberdeen)
- Caledonian Sleeper, ☏ +44/84 57/55 00 33, 🖥 www.firstscotrail.co.uk
  (Nachtzug von London nach Glasgow mit Anschluss an Fort William)

Ähnlich wie auf dem Kontinent gibt es auch bei den Bahngesellschaften auf den britischen Inseln ein kompliziertes Tarifgefüge mit einer Reihe von Ermäßigungen, das sich zudem häufig ändert. Teilweise werden saisonabhängig Sonderpreise angeboten. Wer wirklich günstige Tickets bekommen will, sollte möglichst frühzeitig buchen und sich im Reisebüro oder über das Internet die nötigen Informationen besorgen.

🚌 Der Vollständigkeit halber sei noch auf die Busverbindungen hingewiesen, die von vielen deutschen Städten nach London angeboten werden. Die Hin- und Rückfahrt ist, je nach Abfahrtsort und Zeitraum, schon für deutlich unter € 100 zu haben.
♦ Eurolines, Deutsche Touring, Am Römerhof 17, 60486 Frankfurt/Main, ☎ 0 18 05/79 03 03, 💻 www.deutsche-touring.com

Von London (Victoria Bus Station) fahren Busse der britischen Gesellschaft National Express in ca. 8 Std. nach Glasgow. Das Tarifgefüge ist schwer zu durchschauen. Zu bestimmten Terminen werden schon Fahrten für £ 1 angeboten, die Normalpreise beginnen bei £ 10.
♦ National Express, Ensign Court, 4 Vicarage Road, Birmingham B15 3 ES, ☎ +44/87 05/80 80 80, 💻 www.nationalexpress.co.uk

Ausrüstung

Ohne richtige Ausrüstung läuft nichts (he)

Die Zusammenstellung Ihrer Ausrüstung hängt natürlich in ganz entscheidendem Maß davon ab, wie Sie die Wanderung gestalten wollen. Wenn Sie zelten wollen, benötigen Sie andere Ausrüstungsgegenstände als bei Übernachtungen im Hotel oder Gästezimmer. Im Winter werden Sie sich anders ausrüsten müssen als im Sommer. Daher sollen nur einige allgemeine Hinweise gegeben werden.

📖 **Wildniswandern** von *Reinhard Kummer*, Conrad Stein Verlag, OutdoorHandbuch, Basiswissen für draußen, Band 7, ISBN 978-3-89392-307-6, € 6,90
♦ **Trekking ultraleicht** von *Stefan Dapprich*, Conrad Stein Verlag, OutdoorHandbuch Basiswissen für draußen, Band 184, ISBN 978-3-86686-285-2, € 9,90

Kleidung

- [ ] eingelaufene Wanderstiefel mit kräftigem Profil
- [ ] Wandersocken oder -strümpfe aus Wolle
- [ ] Unterwäsche
- [ ] bequeme Hose
- [ ] wind- und regendichte Jacke
- [ ] Pullover
- [ ] Regenschutz
- [ ] Trainingsanzug
- [ ] Sportschuhe

Grundausrüstung

- [ ] Rucksack
- [ ] dieses Buch
- [ ] evtl. zusätzliches Kartenmaterial
- [ ] Kompass
- [ ] evtl. Höhenmesser
- [ ] Taschenmesser
- [ ] Taschenlampe
- [ ] Nähzeug
- [ ] Erste-Hilfe-Set
- [ ] Trinkflasche
- [ ] Insekten- und Sonnenschutzmittel

Country Code

Jeder Wanderer, der sich in der Landschaft bewegt, verändert sie dabei, ob er will oder nicht. Und sei es nur, und das ist der Idealfall, durch seine Fußabdrücke. Viele Menschen hinterlassen leider aber weitaus mehr als nur ihre Fußabdrücke.

Um diesen eine kleine Hilfestellung an die Hand zu geben, wie man sich zu verhalten hat, wurden einige Regeln, der sogenannte **Country Code**, aufgestellt. Jeder, der sich an diese wenigen Grundregeln hält, kann sicher sein, dass der Schaden, den er anrichtet, gering ist.

▷ **Entzünden Sie kein Feuer!**
Wenn Sie aus irgendeinem Grund dennoch Feuer machen müssen, seien Sie äußerst vorsichtig. Entzünden Sie das Feuer nicht direkt im Gras, benutzen Sie Steine oder nackte Erde als Untergrund. Besonders in Moorgebieten besteht die Gefahr, dass sich das Feuer unterhalb der Bodenoberfläche durch den Torf weiterfrisst und erst nach Tagen ausbricht.

Brechen Sie keine Zweige oder Äste von lebenden Bäumen oder Sträuchern ab. Verlassen Sie den Feuerplatz erst, wenn Sie absolut sicher sind, dass das Feuer vollkommen erloschen ist. Beseitigen Sie alle Spuren des Feuers.

▷ **Schließen Sie alle Tore und Gatter!**
▷ **Benutzen Sie Tore und Stiegen, um über Zäune, Hecken und Wälle zu gelangen!**
▷ **Bleiben Sie auf den ausgetretenen Pfaden!**
▷ **Lassen Sie keinen Müll zurück!**
Wenn Sie unterwegs Müll finden, können Sie der Natur helfen, indem Sie ihn aufsammeln und im nächsten Papierkorb entsorgen.

▷ **Verschmutzen Sie kein Wasser!**
Ein großer Teil des West Highland Way führt durch Gebiete, in denen Trinkwasser gewonnen wird. Zum Teil werden einzelne Häuser direkt von Gebirgsbächen mit Trinkwasser versorgt. Für die Bewohner ist es mehr als unangenehm, wenn in ihrem Trinkwasserreservoir plötzlich Müllreste oder sogar Fäkalien schwimmen.

Denken Sie auch beim Verrichten Ihrer Notdurft daran, dass Sie einen Abstand von mindestens 50 m zu allen Gewässern einhalten.

How to shit in the Woods - *(Wie man im Wald sch...)* von *Kathleen Meyer*, Conrad Stein Verlag, OutdoorHandbuch Basiswissen für draußen, Band 103, ISBN 978-3-86686-103-9, € 7,90

▷ **Schützen Sie die wild lebenden Tiere und Pflanzen!**
Pflücken Sie keine Blumen, beschädigen Sie keine Bäume und stören Sie möglichst keine Tiere.

▷ **Machen Sie keinen unnötigen Lärm!**

Bedenken Sie bitte auch, dass der Weg z.T. über Privatbesitz führt und nicht auf allen Abschnitten das allgemeine Wegerecht gilt.

Befolgen Sie deshalb auch die jeweiligen Einschränkungen und Betretungsverbote, die besonders während der Lammsaison und der Jagdzeiten (Moorhühner und Hirsche) gelten.

Hirsche sind in abgelegenen Gegenden häufige Bewohner (he)

Countryside Ranger

Entlang des Weges sind die sog. Countryside Ranger tätig, die unter anderem für den Naturschutz zuständig sind. Sie geben gern und bereitwillig Auskunft und leisten bei Problemen Hilfe.

- National Park Ranger Service, Loch Lomond & The Trossachs National Park, National Park Centre, Balmaha, G63 0JQ, ☏ 0 13 89/72 21 02, 🖥 www.west-highland-way.co.uk, ✉ info@west-highland-way.co.uk
- Countryside Ranger Service, Glen Nevis Visitor Centre, Fort William, PH33 6PF, ☏ 0 13 97/70 59 22, ✉ westhighlandway@highland.gov.uk

Diplomatische Vertretungen

... in Schottland

- Ⓓ Deutsches Generalkonsulat, 16 Eglinton Crescent, Edinburgh EH12 5DG, ☏ 01 31/3 37 23 23
- Ⓐ Österreichisches Honorarkonsulat, 33 Charlotte Square, Edinburgh EH2, ☏ 01 31/2 25 15 16
- ⒸⒽ Schweizerisches Konsulat, 6 Moston Terrace, Edinburgh EH6, ☏ 0 131/6 67 23 86

Schottland wird in Deutschland, Österreich, und der Schweiz von den **Vertretungen Großbritanniens** repräsentiert.

... in Deutschland

- Ⓓ Königlich Britische Botschaft, Wilhelmstraße 70-71, 10117 Berlin, ☏ 0 30/20 45 70, FAX 0 30/204 5 75 94, 🖥 www.ukingermany.fco.gov.uk

... in der Schweiz

- ⒸⒽ Königlich Britische Botschaft, Thunstr. 50, CH-3000 Bern 15, ☏ 0 31/3 59 77 00, FAX 0 31/35 97 76 45, 🖥 www.ukinswitzerland.fco.gov.uk

... in Österreich

- Ⓐ Britische Botschaft, Jaurèsgasse 12, A-1030 Wien, ☏ 01/7 16 13 51 51, FAX 01/7 16 13 59 00, 🖥 www.ukinaustria.fco.gov.uk

Einreise

Zur Einreise für Bürger der EU und Schweizer genügt ein gültiger **Personalausweis** oder **Reisepass**, sie benötigen **kein Visum**.

Wer mit dem eigenen Kfz einreist, benötigt die **grüne Versicherungskarte** und den **Kfz-Schein**.

Da die Haftpflichtversicherung in Großbritannien in der Regel nur Personenschäden abdeckt, Sachschäden jedoch nicht, empfiehlt sich für die Dauer des Aufenthalts eine **Kaskoversicherung**.

Elektrizität

In Schottland ist die elektrische Spannung mit 240 V geringfügig höher als in Deutschland. Die Netzfrequenz beträgt wie bei uns 50 Hz. Erfahrungsgemäß gibt es keine Schwierigkeiten beim Betrieb der auf deutsche Verhältnisse eingestellten Geräte.

☺ Allerdings unterscheiden sich die Stecker grundlegend von unseren. Sie sollten sich vor Antritt der Reise in einem Elektrofachgeschäft oder einem Ausrüstungsladen einen entsprechenden **Adapter** kaufen. In den meisten Badezimmern finden Sie zweipolige (Euro)-Steckdosen, die aber nur für Rasierapparate funktionieren.

Essen und Trinken

Wem eine Mahlzeit aus einem Imbiss reicht, der findet in Schottland fast überall Take Aways. Neben dem typisch britischen Fish & Chips Shop

In vielen Pubs und Restaurants, wie hier in Fort William, wird Live-Musik geboten (he)

(Pommes mit frittiertem Fisch, Salz und viel Essig) finden Sie häufig welche, die indische oder chinesische Speisen anbieten.

Relativ gut und preiswert kann man im Pub essen, wo mittags und am frühen Abend das sog. Barmeal serviert wird. Hier erhalten Sie schon für unter £ 10 eine Mahlzeit. Bestellt und bezahlt wird das Essen an der Theke.

Wesentlich teurer ist es im Restaurant. Für weniger als £ 15 gibt es kaum etwas zu essen. Suchen Sie sich nicht selbst Ihren Platz, sondern warten Sie am Eingang bis Ihnen einer zugewiesen wird.

☺   Oft finden Sie Pub und Restaurant nahe beieinander nur durch eine Tür oder einen Gang getrennt. Der Betreiber ist der gleiche und oft auch das Essen in Bar und Restaurant. Allerdings zahlen Sie im Restaurant meist wesentlich mehr.

✋   In Pubs ist es unüblich für sich allein zu bestellen. Man bestellt in Runden für seine Gesprächspartner und sich. Es wird erwartet, dass jeder mal eine Runde spendiert. Wenn Sie nicht mittrinken wollen, stellen Sie das rechtzeitig klar, um nicht als Schnorrer zu gelten.

In Restaurants oder Cafés ist es üblich, zwischen 10 und 15 % Trinkgeld zu geben, wenn Sie mit der Bedienung zufrieden waren. In manchen Restaurants wird auf der Rechnung schon automatisch ein Trinkgeld (Service Charge) zum Betrag dazugerechnet. In diesem Fall wird kein zusätzliches Trinkgeld erwartet. In Bars oder Pubs wird ebenfalls kein Trinkgeld erwartet und ist dort nicht üblich.

Geld

Reisende, die nach Großbritannien fahren, sind oft über die Vielzahl unterschiedlicher Banknoten und Münzen überrascht, die im Umlauf sind. Dies liegt daran, dass sowohl in England als auch in Schottland, Nordirland und sogar auf den Kanalinseln eigene Noten gedruckt werden. Mit allen diesen Noten kann in Schottland und ganz Großbritannien bezahlt werden.

In einigen besonders patriotischen Haushalten werden englische Noten aber nicht unbedingt gern gesehen. Sie können hier etwas für Ihr Image tun, wenn Sie zum Begleichen der Rechnung Noten der schottischen Banken benutzen. Das gleiche gilt für schottische Noten, die manchmal in England für Verdruss sorgen.

▷ Schottische Banknoten gibt es in Werten von £ 1, £ 5, £ 10, £ 20, £ 50 und £ 100. Seit der Einführung der £-1-Münze gibt die Bank von England keine £-1-Noten mehr heraus, in Schottland sind diese derzeit noch im Umlauf. Anders als bei uns haben in Schottland auch Privatbanken das Recht eigene Banknoten auszugeben. Wundern Sie sich also nicht, wenn Sie Banknoten der Bank of Scotland, der Clydesdale Bank oder der Royal Bank of Scotland in den Händen halten. Das sind alles gültige Zahlungsmittel. Sichergestellt wird dies von der Bank of England, die für Druck und Ausgabe die Vorgaben macht und diese auch überwacht.

▷ Münzen gibt es mit folgendem Wert: £ 2, £ 1, 50 p, 20 p, 10 p, 5 p, 2 p und 1 p.

▷ Die Wechselkurse innerhalb Großbritanniens sind festgeschrieben. Der Kurs zum Euro und anderen ausländischen Währungen ist Schwankungen unterworfen, wobei die Schwankungsbreite relativ gering ist. In der letzten Zeit ist britisches Geld deutlich billiger geworden. Während man über Jahre hinweg für £ 1,00 etwa € 1,50 zahlen musste, hat £ 1,00 inzwischen (Stand April 2010) nur noch einen Wert von etwa € 1,10. Das bedeutet für Sie, dass Ihr Schottlandaufenthalt deutlich günstiger geworden ist.

▷ Die gängigen **Kreditkarten** (Visa, MasterCard und American Express) werden in den Städten und größeren Hotels akzeptiert. In den kleineren Hochlandorten, bei Privatvermietern oder in ländlichen Hotels werden oft keine Kreditkarten akzeptiert. Einige Privatvermieter nehmen jedoch auch Euro an. Beachten Sie, dass vielfach ein Aufschlag berechnet wird, wenn mit Kreditkarte bezahlt wird.

Unter 💻 www.kartensicherheit.de können Sie sich eine SOS-Info-Karte ausdrucken. Auf dieser Karte stehen alle wichtigen Rufnummern zum Sperren von Kredit- und Mobilfunkkarten und Reiseschecks.

▷ Geldautomaten sind weit verbreitet. Hier können Sie Tag und Nacht Geld abheben. Allerdings sind die Gebühren bei vielen Banken relativ hoch, sodass es sich meist nicht lohnt, kleinere Beträge abzuheben.
▷ Wechseln können Sie natürlich in den Banken, aber auch in vielen Reisebüros, Hotels und Wechselstuben. Den günstigsten Kurs erhalten Sie jedoch bei den Banken. Besonders Wechselstuben berechnen oft hohe Bearbeitungsgebühren.
▷ Banknoten dürfen in beliebiger Währung und Höhe ein- und ausgeführt werden.
▷ Banken bzw. Geldautomaten finden Sie entlang des Weges in Milngavie, Drymen, Crianlarich, Tyndrum, Kinlochleven und Fort William.

Gepäcktransport

Obwohl manche Wanderer der Auffassung sind, dass man den West Highland Way nur wirklich bezwungen hat, wenn man auf der gesamten Strecke auch sein gesamtes Gepäck selbst getragen hat, werden es immer mehr, die auf die Mitnahme eines 15 oder mehr Kilogramm wiegenden Rucksackes verzichten und ihr Gepäck einem Transportunternehmen anvertrauen, das es von Etappe zu Etappe vorausbringt.

Früher beauftragte man zu diesem Zweck einen Taxifahrer, der es von einer Unterkunft zur nächsten brachte. Diese Art des Transportes funktionierte gut, hatte aber den Nachteil, dass er auf die gesamte Wegstrecke gerechnet sehr teuer war. Inzwischen haben sich einige Service-Unternehmen etabliert, die Ihren Rucksack von Etappe zu Etappe ab ca. £ 35 über den gesamten West Highland Way bis zur jeweiligen Unterkunft transportieren.

- A.M.S. Scotland Limited, ☎ 0 13 60/31 28 40, 🖳 www.amsscotland.co.uk
- Absolute Escapes Limited, ☎ 01 31/4 47 25 70, 🖳 www.absoluteescapes.com
- Make Tracks Walking Holidays, ☎ 01 31/2 29 68 44, 🖳 www.maketracks.net
- Rucksack Express, ☎ 0 77 25/07 97 94, 🖳 www.rucksackexpress.com
- Travel-Lite, ☎ 01 41/9 56 78 90, 🖳 www.travel-lite-uk.com

Haustiere

Von der Mitnahme von Hunden auf der Wanderung ist dringend abzuraten. Einerseits ist das Mitführen von Hunden - auch angeleint - auf einigen Abschnitten des Weges generell verboten. Andererseits unterliegt die Einfuhr von Tieren nach Großbritannien sehr strengen Bestimmungen. War es früher fast unmöglich, Haustiere auf legale Weise nach Großbritannien zu bringen, hat man heute immerhin die Möglichkeit, im Rahmen der Pilotaktion Pets Travel Scheme (DEFRA) Hunde und Katzen über einige Einreiseorte nach Erfüllung bestimmter Voraussetzungen zeitnah einzuführen. Derzeit fallen Hunde und Katzen u.a. aus Deutschland, Österreich und der Schweiz unter die Regelungen des Projektes.

- **DEFRA,** 1a Page Street, London SW1P 4PQ, ☎ 08 70/2 41 17 10, FAX 08 70/2 41 17 10, 🖥 www.defra.gov.uk

✋ Zuwiderhandlungen werden hart bestraft und illegal eingeführte Tiere können eingeschläfert werden.

Information

Allgemeine touristische Informationen über ganz Großbritannien erhalten Sie vom britischen Fremdenverkehrsamt **VisitBritain** im Internet für

Ⓓ   🖥 www.visitbritain.de
Ⓐ   🖥 www.visitbritain.at
㏛   🖥 www.visitbritain.ch

Informationen erhalten Sie von VisitBritain nur noch über das Internet. Telefonische oder gar persönliche Kontakte sind nicht mehr möglich. Es besteht die Möglichkeit online Unterkünfte zu buchen und kostenlos Broschüren zu bestellen bzw. herunter zu laden.

Für Schottland ist die offizielle schottische Fremdenverkehrsorganisation **VisitScotland** zuständig, das auf seiner Internetseite informiert. Hier erhalten

Sie auch detaillierte Informationen über die verschiedenen schottischen Ferienregionen.
- VisitScotland, ☏ 08 45/22 55 21, 🖥 www.visitscotland.com, 🗓 ganzjährig

Auch VisitScotland hat kein Büro mehr, das man besuchen kann. Immerhin ist hier noch ein telefonischer Kontakt möglich.

Auch die früher weit verbreiteten TI-Büros sind heute in der Regel nur noch im Internet vertreten. Allerdings finden Sie in vielen Hotels, Pensionen und anderen Unterkünften, in verschiedenen Geschäften sowie in den zahlreichen Besucherzentren umfangreiches touristisches Informationsmaterial.

Lokale TI-Büros in der Nähe des Weges finden Sie in
- **Glasgow Airport**, Information Desk, Glasgow Airport, Paisley, PA3 2ST, ☏ 01 41/8 48 44 40, ✉ glasgowairport@visitscotland.com, 🗓 Mo bis Sa von 7:30 bis 17:00, zwischen Ostern und Ende September auch So von 8:00 bis 15:30
- **Glasgow City Centre**, 11 George Square, Glasgow, G2 1DY, ☏ 01 41/2 04 44 00, ✉ glasgow@visitscotland.com, 🗓 Mo bis Sa von 9:00 bis 18:00, Juni und September bis 19:00, Juli und August bis 20:00, zwischen Ostern und Ende August auch So von 10:00 bis 18:00
- **TI Centre Tyndrum**, Main Street, Tyndrum, FK20 8RZ, ☏ 0 18 38/40 02 46, ✉ info@tyndrum.visitscotland.com, 🗓 März bis Oktober
- TI Centre Fort William, Cameron Square, Fort William, PH33 6AJ, ☏ 0 13 97/70 18 01, ✉ info@ visitscotland.com, 🗓 ganzjährig

Informationsmaterial erhalten Sie auch im:
- **Walkers Welcome Centre** in der Mugdock Road in Milngavie unmittelbar am Startpunkt des West Highland Way.

Umfangreiche Informationen (darunter auch aktuelle wie z. B. Umleitungen oder Sperrungen) **direkt zum West Highland Way** erhalten Sie auf den offiziellen Webseiten zum West Highland Way:
- 🖥 www.west-highland-way.co.uk

Jagdsaison

👋 Zwischen Mitte August und Mitte Oktober werden in einigen Gebieten in den Highlands Rothirsche gejagt. In dieser Zeit sollten Sie den West Highland Way in den Jagdgebieten nicht verlassen, einerseits, um die Tiere nicht zu verscheuchen, denn die Jagd ist eine wichtige und manchmal einzige Einnahmequelle der Landbesitzer, andererseits sollten Sie an die eigene Gesundheit denken. Schon so mancher Jäger hat einen Hirsch mit einem aufrechten Wandersmann verwechselt ...

Die Jagdeigentümer geben gern Auskunft, wo Sie in ihrem Gelände gefahrlos wandern können.

Kartenmaterial

Die häufigen militärischen Spannungen haben dafür gesorgt, dass Schottland kartografisch sehr gut erschlossen ist. Das Vermessungswesen, zunächst für militärische Zwecke eingerichtet, hat hier eine lange Tradition.

Auch die Bezeichnung *Ordnance Survey* (O.S.) für das heutige Vermessungsamt ist militärischen Ursprungs (*Ordnance* = Artillerie).

Wenn Sie sich zusätzlich Karten besorgen möchten, dann empfehle ich die **Blätter des Vermessungsamtes der Landranger-Serie** im Maßstab 1:50.000. Für den gesamten West Highland Way benötigen Sie 7 Karten (Nr. 41, 42, 50, 51, 56, 57 und 64).

- ♦ Thomas Nelson & Sons Ltd. (O.S. Hauptvertretung), 51 York Place, Edinburgh, Perthshire EH1 3JD, ☎ 01 31/5 57 30 11

☺ Inzwischen gibt es aber auch eine Reihe von speziell für den West Highland Way herausgegebenen Karten, die mit anderen Blattschnitten den gesamten Weg auf einem Kartenblatt abdecken und darüber hinaus noch weitere Informationen liefern. Diese Karten bieten den Vorteil, dass Sie nicht mit mehreren, relativ unhandlichen Blättern arbeiten müssen, auf denen immer nur ein Zipfel des Weges zu sehen ist. Andererseits haben sie aber auch den Nachteil, dass sie nur ein relativ schmales Band rechts und links des Weges abbilden. Die weitere Umgebung bleibt leider im Dunkeln.

Sehr brauchbar ist z.B. die Karte "**West Highland Way**" aus dem **Verlag Harvey**. Sie bildet den Weg in sechs Abschnitten ab und enthält darüber hinaus eine Fülle von wichtigen Informationen, wie z.B. Straßenkarten einzelner Orte oder genaue Kilometerangaben entlang des Weges.

Der große Vorteil dieser Karte gegenüber den Konkurrenzprodukten ist der, dass sie bis zu einem gewissen Grad wasserfest ist, bei dem oft regnerischen schottischen Wetter ein unschätzbarer Vorteil (ISBN 978-1-85137-223-2).

- Harvey, 12-16 Main Street, Doune, Perthshire FK16 6BJ,
  ☎ 0 17 86/84 12 02, FAX 0 17 86/84 10 98, 🖥 www.harveymaps.co.uk

Gut geeignet ist auch die Karte "**The West Highland Way**" aus der Reihe **footprint**. Der Weg wird hier in neun Sektionen auf einer handlichen Karte dargestellt. Ebenso wie die Harvey-Karte enthält sie viele Informationen und eine Kilometeranzeige (ISBN 978-1-87114-950-0).

- Footprint, Unit 54, Stirling Enterprise Park, Stirling FK7.6 7RP,
  ☎ 0 17 86/7 98 66

In Schottland erhalten Sie die oben genannte Karten in den Touristinformationen, in vielen Buchhandlungen und an den meisten Tankstellen. Im deutschsprachigen Raum erhalten Sie sie in geografischen Buchhandlungen.

Lammsaison

Zwischen Mitte März und Mai werden auf den Weiden die Lämmer geboren und die Mutterschafe säugen ihre Jungen. In dieser Zeit sind die Schafe besonders empfindlich gegen Störungen. Ein Muttertier, das - beabsichtigt oder nicht - durch einen Wanderer erschreckt wird, kann leicht sein Junges verlieren.

Bitte seien Sie in dieser Zeit besonders rücksichtsvoll und halten Sie sich an die Regelungen der Landbesitzer, über deren Grund Sie laufen. Auf Umleitungen, insbesondere auf dem Teilstück über den Conic Hill (Etappe 3), wird deutlich mit Schildern hingewiesen.

Schafe sind eine wichtige Einnahmequelle der Landbesitzer (he)

Maße und Gewichte

Obwohl in Großbritannien seit einigen Jahren offiziell das metrische System gilt, hat sich diese Umstellung noch nicht überall durchgesetzt. In vielen Bereichen wird noch mit den traditionellen Angaben gearbeitet. Daher ist es sinnvoll, die wichtigsten Maße und Gewichte zu kennen.

Längen		Flächen	
1 inch (in.)	2,54 cm	1 square yard (sq.yd.)	0,84 m²
1 foot (ft.)	30,5 cm	1 acre	4.047 m²
1 yard (yd.)	91,4 cm	1 square mile (sq.mi.)	2,59 km²
1 mile (mi.)	1.609 m		

Volumen		Gewichte	
1 pint	0,57 l	1 ounce (oz.)	28 g
1 gallon	4,54 l	1 pound (lb.)	454 g

Auch die Temperatur wird offiziell in Grad Celsius (°C) gemessen. Dennoch werden Sie vielfach sogar in vielen Wetterberichten der Radio- oder Fernsehanstalten auf die Temperatureinheit **Fahrenheit** (°F) stoßen. Die Umrechnung erfolgt dabei nach den Formeln

°C = (°F - 32) : 1,8 oder °F = (°C x 1,8) + 32.

In der Tabelle sind die Werte für **Celsius** und **Fahrenheit** gegenübergestellt:

°C	-10	-5	0	5	10	15	20	25	30
°F	14	23	32	41	50	59	68	77	86

Medizinische Versorgung

In Großbritannien gibt es einen kostenlosen Gesundheitsdienst, den **National Health Service**, den Touristen aus einem Mitgliedsland der EU in Anspruch nehmen können.

Die kostenlose Behandlung erfolgt nur in Kliniken oder bei Ärzten, die dem National Health Service angeschlossen sind, und auch dort nur, wenn sie während des Aufenthaltes dringend erforderlich ist. Sonstige Kosten müssen selbst bezahlt werden. Das gilt auch für den Aufenthalt in einer Privatklinik. Daher ist es dringend anzuraten, eine zusätzliche **Reisekranken- und/oder Unfallversicherung** abzuschließen. Über Einzelheiten informiert Sie Ihre Krankenversicherung. Darüber hinaus bieten auch Automobilklubs (z.B. der ADAC) entsprechende Versicherungen an.

☺ Mitglieder im Alpenverein sind europaweit gegen Berg- und Wanderunfälle versichert. Sie sollten auch prüfen, ob Ihr Kreditkartenvertrag bereits eine Auslandskrankenversicherung enthält.

Während früher die Vorlage des Personalausweises ausreiche, um die kostenlose Behandlung in Anspruch nehmen zu können, müssen seit dem 1. April 2008 gesetzlich versicherte Touristen aus EU-Staaten vor der

Behandlung die **European Health Insurance Card** (Europäische Krankenversicherungskarte), die sich in der Regel auf der Rückseite Ihrer Krankenversicherungskarte befindet, vorlegen.

Der Standard der medizinischen Versorgung entspricht dem der mitteleuropäischen Länder. Allerdings ist die Versorgung in den Highlands nicht flächendeckend. Meist gibt es nur in den größeren Orten Ärzte oder Krankenhäuser.

In Ortschaften direkt am Wanderweg finden Sie Ärzte in Milngavie, Drymen, Kinlochleven, und Fort William.

☺ In dringenden Notfällen können Sie unter der kostenlosen **Notrufnummer ☎ 999** einen Krankenwagen (Ambulance) anfordern.

Munro

Der Begriff "Munro" ist in Großbritannien und vor allem in Schottland bei jedem Wanderer und Naturliebhaber bekannt. Es handelt sich dabei nicht etwa um eine seltene Pflanze oder ein Tier, sondern um eine ganz bestimmte Kategorie von Bergen: Unter einem Munro versteht man hier zu Lande einen Berg, der mehr als 3.000 Fuß (914 m) hoch ist.

Dieser Begriff geht auf das 19. Jahrhundert zurück, als sich ein gewisser **Sir Hugh Munro** daran machte, die höheren schottischen Gipfel zu besteigen und mit primitiven Geräten zu vermessen. Damals ging man davon aus, dass es nur etwa 30 Berge gibt, die diese Höhe überschreiten. Der bergsteigende Sir zweifelte diese Angaben an, und im Laufe seines Lebens kam er dann tatsächlich auf 283 Gipfel mit dieser Minimalhöhe. Inzwischen ist die Liste von Sir Munro mehrfach revidiert worden. Einige Berge haben ihren Status als Munro verloren, andere haben ihn dafür gewonnen. Die aktuelle Liste zählt auch heute 283 hinreichend separierte Berge mit einer Höhe von mindestens 3.000 Fuß, die alle zu Ehren von Sir Hugh "Munros" genannt werden.

Seit diesen Tagen ist das "Sammeln" von Munros (sogenanntes *munro bagging*) in bestimmten Kreisen der britischen Gesellschaft eine beliebte

Freizeitbeschäftigung wie anderswo z.B. Briefmarken sammeln. Wer alle Munros bestiegen hat, darf sich **Munroist** nennen. Sir Hugh selbst war übrigens kein Munroist. Ihm fehlten zwei oder drei abgelegene Gipfel.

Erst im Jahre 1901 gab es den ersten Munroisten. 1970 waren es noch weniger als 100, die alle Gipfel erklommen hatten. In den letzten 20 Jahren entwickelte sich dieses Hobby beinahe zur Manie unter den Briten. Bis heute gibt es schon mehr als 3.000 neue Munroisten, und jeden Tag werden es mehr. Da diese Freizeitbeschäftigung aber nun nicht mehr so exklusiv ist, müssen neue Regeln her.

Zwei Spielarten haben sich etabliert:
▷ Wer schafft in 24 Stunden die meisten Gipfel? Hier steht der Rekord derzeit bei 28 Bergen.
▷ Wer ist am schnellsten beim Erklimmen sämtlicher Munros an einem Stück? Auf den Wegen zwischen den Bergen darf nur gelaufen oder geschwommen, ein Fahrrad oder ein Ruderboot zu Hilfe genommen werden. Hier steht der Rekord derzeit bei 112 Tagen, wobei der Rekordhalter eine Strecke von fast 2.500 km zurücklegte.

Munros, die Sie entlang des Weges "sammeln" können, sind z.B. Ben Lomond (974 m, ☞ 4. Etappe), Beinn Dorain (1.074 m, ☞ 9. Etappe), Stob Ghabhar (1.087 m, ☞ 11. Etappe), Clach Leathad (1.098 m, ☞ 11. Etappe), Stob Dearg (1.022 m, ☞ 12. Etappe) oder Ben Nevis (1.344 m, ☞ 14. Etappe).

📖 **Schottland: Munros** von Hartmut Engel, OutdoorHandbuch Der Weg ist das Ziel, Band 246, Conrad Stein Verlag, ISBN 978-3-86686-246-3, € 12,90

Darüber hinaus haben sich in diesem Jahrhundert eine Reihe weiterer Bezeichnungen von bestimmten Kategorien von Bergen entwickelt, von denen nur noch zwei genannt werden sollen.
▷ Relativ alt ist die Bezeichnung **Corbett**. Hierunter versteht man Berge, die zwischen 2.500 und 3.000 Fuß (760 m bis 915 m) hoch sind. Zusätzlich müssen sie zu allen Seiten 500 Fuß (150 m) abfallen. In der letzten Auflage der offiziellen Liste von 1990 werden 221 Corbetts genannt.

▷ Ganz aktuell wird die Einführung von **Marilyns** diskutiert. Dabei handelt es sich um Berge, die nach allen Seiten mindestens 150 m abfallen. Die Mindesthöhe dieser Berge spielt dabei keine Rolle.

Polizei

Wenn Sie während Ihrer Wanderung aus irgendeinem Grund auf die Hilfe der örtlichen Polizei angewiesen sein sollten, können Sie sich unter den entsprechenden Rufnummern mit den jeweiligen Dienststellen in Verbindung setzen.

Milngavie	☎ 0 14 15/32 40 00
Drymen	☎ 0 13 60/66 03 00
Killin (Crianlarich)	☎ 0 15 67/82 02 22
Tyndrum	☎ 0 15 67/82 02 22
Kinlochleven	☎ 0 18 55/83 12 03
Fort William	☎ 0 13 97/70 23 61

Post

Die großen Postämter in den Städten sind in der Regel von 9:00 bis 17:30 durchgehend geöffnet, samstags nur bis zum Mittag. Kleinere Postämter haben davon abweichende Öffnungszeiten.

In fast jedem kleineren Ort gibt es eine **Postagentur**, die oft in Krämer-, Papier- oder Zigarettenläden untergebracht ist. Sie ist immer deutlich gekennzeichnet (nicht gelb wie bei uns, sondern rot) und leicht zu finden. Hier richtet sich die Öffnungszeit dann nach der Ladenöffnungszeit.

Innerhalb Großbritanniens gibt es **zwei Tarifklassen**. In der ersten Klasse (**First Class Mail**) sollen die Sendungen innerhalb von 24 Std. ausgeliefert werden. In der zweiten Klasse (**Second Class Mail**) setzt sich die Royal Mail eine Frist von bis zu 72 Std.

Ins **Ausland** gibt es nur eine Klasse. Generell wird die Post per Luftfracht ohne Aufpreis befördert. Allerdings sind die Laufzeiten etwas unklar. Manche Post ist innerhalb von zwei bis drei Tagen am Bestimmungsort, auf andere muss man manchmal bis zu zwei Wochen warten. Ein System scheint aber nicht dahinter zu stecken.

> ℹ️ Informationen zu den Gebühren erhalten Sie auf der Website der Royal Mail unter 🖥 www.royalmail.com.

Rauchen

Seit dem 23. März 2006 ist in Schottland, wie in vielen anderen europäischen Ländern auch, das Rauchen in öffentlichen Gebäuden generell verboten. Dazu gehören auch Restaurants und Pubs.

Erfahrungen aus anderen Ländern, die in den vergangenen Jahren ein generelles Rauchverbot eingeführt haben, zeigen, dass es zwar zunächst massive Proteste und helle Aufregung von Restaurant-und Pubbetreibern und Gästen gegeben hat, dass aber schon nach sehr kurzer Zeit sich fast alle (die starken Raucher eingeschlossen) einig waren, dass es mit dem Rauchverbot besser ist als ohne. Wer rauchen will, geht halt vor die Tür.

Einziger Nachteil des Rauchverbots: Wenn früher der dicke Qualm in den Pubs jeden anderen Geruch überlagerte, herrschen heute häufig Körpergerüche vor. Und das duftet nicht immer nach einer frischen Blumenwiese im Frühling.

Reiseveranstalter

Wer sich die mitunter zeitaufwendige und manchmal auch erfolglose Suche nach Unterkünften auf dem West Highland Way sparen will, kann sich einem der zahlreichen Reiseveranstalter anvertrauen und ein sog. package buchen, das sämtliche Übernachtungen incl. Frühstück sowie den Gepäcktransport enthält. Bei manchen Veranstaltern können Sie auch Dinner und/oder Lunch buchen. Die Touren sind self-guided, d.h., Sie wandern ohne einen Wanderführer. Einige Veranstalter bieten einen 24-stündigen Telefonservice für den Notfall. Darüber hinaus erhalten Sie Informationsmaterial. Nur noch wandern müssen Sie selbst.

Angeboten werden packages für 5 bis 10 Tage. Je nach Unterkunftsart, Verpflegungswünschen und Dauer der Wanderung kostet der Spaß ab ca. £ 250 bis etwa £ 600.

An folgende Veranstalter können Sie sich wenden:
- A.M.S. Adventures, ☏ 0 12 36/72 26 64, 💻 www.ams-adventures.com
- Absolute Escapes Limited, ☏ 01 31/4 47 25 70, 💻 www.absoluteescapes.com
- Contours Walking Holidays, ☏ 0 17 68/48 04 51, 💻 www.contours.co.uk
- Easyways, ☏ 0 13 24/71 41 23, 💻 www.easyways.com
- Macs Adventure, ☏ 01 41/5 30 88 86, 💻 www.macsadventure.com
- Make Tracks Walking Holidays, ☏ 01 31/2 29 68 44, 💻 www.maketracks.net
- UK Exploratory, ☏ 0 19 42/82 62 70, 💻 www.alpineexploratory.com

Verschwiegen werden soll nicht, dass es auch deutsche Reiseveranstalter gibt, die ein ähnliches Angebot haben. In der Regel sind diese aber deutlich teurer.

So bietet z.B. Marina Tours eine unbegleitete Wanderreise (8 Nächte) bei eigener An- und Abreise ab € 622 an. Bei Wikinger Reisen kostet eine 10tägige Reise ab € 1.598. Eingeschlossen ist hier allerdings der Hin- und Rückflug und eine deutschsprachige Reiseleitung.
- Marina Tours, 💻 www.marinatours.de
- Wikinger Reisen, 💻 www.wikinger-reisen.de

Sicherheitshinweise

Obwohl die Berge in Schottland verglichen mit den Alpen oder anderen Gebirgen nicht sehr hoch sind, sind sie dennoch wegen ihrer nördlichen Lage und den daraus resultierenden fast arktischen Verhältnissen nicht ungefährlich. Sie sollten deshalb bei Wanderungen in der Region einige Grundregeln zu ihrer eigenen Sicherheit einhalten:

▷ Tragen Sie entsprechende **Kleidung und Schuhe** (☞ unter Ausrüstung in diesem Kapitel). Denken Sie auch bei gutem Wetter daran, dass sich die Bedingungen schnell, manchmal innerhalb weniger Minuten ändern können.

▷ Nehmen Sie ausreichend **Getränke** und evtl. **Nahrungsmittel** mit.

- ▷ Nehmen Sie für den Notfall eine **Signalpfeife** mit.
- ▷ Auf längeren Strecken durch unberührte Landschaft sollten Sie auf keinen Fall **Karte, Kompass** und evtl. **GPS** vergessen. Machen Sie sich vorher mit ihrem Gebrauch vertraut.

Bergwanderungen sind kein Spaziergang (he)

- ▷ Hinterlassen Sie eine **Nachricht**, welche Route Sie einschlagen wollen und zu welcher Zeit Sie spätestens am Zielort angelangt sein müssen.
- ▷ Planen Sie ihre Route so, dass Sie auf jeden Fall vor **Sonnenuntergang** den Zielort erreichen.
- ▷ Berücksichtigen Sie die lokalen **Wettervorhersagen,** und achten Sie selbst auf Zeichen, die auf eine Änderung des Wetters hindeuten.
- ▷ Eignen Sie sich vor der Tour Grundregeln in **erster Hilfe** an.
- ▷ **Gehen Sie möglichst nie allein.** Am sichersten ist es, wenn die Gruppe aus mindestens drei Teilnehmern besteht. Dann kann im Falle eines Unfalls einer beim Verletzten bleiben und der andere Hilfe holen.

Sportveranstaltungen am West Highland Way

Eine Eigenart der Engländer ist es, aus vielen eigentlich ganz normalen Tätigkeiten einen sportlichen Wettkampf zu machen. So haben sich auch entlang des West Highland Way im Laufe der Jahre eine ganze Reihe von Sportwettkämpfen herausgebildet, von denen viele nun schon zur Tradition geworden sind und jedes Jahr neu veranstaltet werden.

1979 war es Bobby Shields, der auf die Idee kam, den gesamten West Highland Way nicht als Wanderstrecke zu nutzen, sondern als Rennbahn. Er lief den Fernwanderweg, damals noch allein, nonstop in knapp 20 Std.

Inzwischen ist das **West Highland Way Race** zu einer jährlich wiederkehrenden Sportveranstaltung geworden, an der z.B. im Jahr 2000 insgesamt 49 Läufer und Läuferinnen teilnahmen, von denen immerhin noch 32 ins Ziel kamen.

Den Rekord für die 152 km lange Strecke hielt lange Zeit der Niederländer Wim Epskamp, der nach 16 Std., 26 Min. und 50 Sek. ins Ziel kam. Im Jahre 2006 wurde seine Zeit um fast 45 Min. unterboten. Jez Bragg legte die Strecke in 15 Std., 44 Min. und 50 Sek. zurück. Schnellste Frau auf der Strecke ist die Britin Kate Jenkins, die nur 17 Std., 37 Min. und 48 Sek. benötigte.

Diese Läufer werden wohl während der Tour keine Muße gehabt haben, sich mit der faszinierenden Natur und Landschaft zu beschäftigen, hatten andererseits aber auch keine Übernachtungsprobleme.

🛈 Im Internet unter 🖳 www.westhighlandwayrace.org

Eine Veranstaltung für Freunde des Motorradsports sind die **Scottish Six Day Trials**, die jährlich in der Gegend in und um Lochaber veranstaltet werden. Betroffen sind dabei jährlich wechselnde Abschnitte des West Highland Way zwischen Bridge of Orchy und Fort Williams. Während der Veranstaltung, die Anfang Mai stattfindet, sind die Abschnitte zwar nicht gesperrt, Wanderer müssen sich die Strecke dann aber u.U. mit den Motorradsportlern teilen.

♦ Genaue Informationen zu Terminen und Routenführung erhalten Sie von Mr. Ally Finlay, Edinburgh and District Motor Club Ltd., 28 Nelson Street, Edinburgh EH3 6LJ, ☎ 0 13 82/56 25 00 oder unter 🖳 www.ssdt.org

Natürlich muss auch der höchste britische Berg für ein Rennen herhalten. Das **Ben Nevis Race** findet alljährlich am ersten Samstag im September statt.

William Swan aus Fort William war der erste, der 1895 die Strecke zum Gipfel und wieder zurück nach der Uhr lief. Er benötigte 2 Std. und 41 Min. Seit 1937 wird das Rennen regelmäßig ausgetragen.

Der Rekord steht bei den Männern bei 1 Std., 25 Min. und 34 Sek. und bei den Frauen bei 1 Std., 43 Min. und 25 Sek. Einen besonderen Preis gibt es für die Läufer, die mindestens 21 Rennen am Ben Nevis mitgemacht haben: die Connochie Medaille.

▯ Im Internet unter 🖳 http://bennevisrace.co.uk

Im Glen Nevis wird alljährlich, meist im August, das **Glen Nevis River Race** veranstaltet. Auf einer Strecke von etwa 2 Meilen müssen Stromschnellen und bis zu 8 m hohe Wasserfälle überwunden werden. Die meisten Teilnehmer benutzen Luftmatratzen als Hilfsmittel. Aber auch überdimensionale Dudelsäcke oder aufblasbare Gummitiere sind zu sehen.

Das Rennen gehört zu den gefährlichsten Wettkämpfen der Welt. Im Laufe der Zeit hat es viele ernsthafte Verletzungen gegeben. Dennoch gehen jedes Jahr mehr als 250 Wagemutige an den Start.

▯ In Fort William in der Touristinformation

Stechfliegen, Mücken und Zecken

Stechfliegen, allgemein bekannt als **Pferdebremsen**, sind auf bestimmten Streckenabschnitten relativ häufig. Sie kommen zwar nur einzeln vor, hinterlassen dafür aber unangenehme, stark juckende Einstiche.

An manchen Tagen sind die "**midges**", winzig kleine Mücken, die bei den meisten Menschen stark juckende Stichstellen hinterlassen, eine echte Plage. Sie kommen besonders im Juli und August in riesigen Mengen vor. Bei Windstille fühlen sie sich richtig wohl, während sie bei dem leichtesten Wind bereits verschwinden. Durch ihre geringe Größe gelangen sie auch durch kleinste Spalten und Öffnungen. Ein Mückennetz oder Mückenhut mit Netz ist daher nur bedingt von Nutzen. Auch die zahlreichen Schutzmittel wie *Autan* oder *Djungelolja* helfen nicht immer. Wer nicht wirklich allergisch auf diese Plagegeister reagiert, sollte sich ruhig stechen lassen. Wichtig ist aber, sich nicht zu kratzen. Nach einiger Zeit gewöhnt sich der Körper an die Stiche, die Reaktionen werden immer geringer.

Auch entlang des West Highland Ways müssen Sie mit **Zecken** rechnen, die in einzelnen Fällen Träger von FSME-Viren oder Borrelien sein können, die unter Umständen Auslöser schwerer Krankheiten sein können. Die kleinen Tiere warten meist im hohen Gras oder Farnkraut auf ihre ahnungslosen Opfer. Laufen Sie daher möglichst nicht mit kurzen Hosen durch hohes Gras oder Farnkraut und lagern Sie dort nicht. Abends sollten Sie Ihren Körper nach Zecken absuchen. Sind gerade Sie der Wirt einer Zecke geworden, sollte sie so schnell wie möglich entfernt werden. Das Infektionsrisiko wird umso größer, je länger die Zecke nach dem Stich am Körper bleibt, weil insbesondere die Borrelien, die die Lyme-Borreliose hervorrufen, von ihrem Aufenthaltsort im Darm der Zecke in der Regel einige Stunden benötigen, um in den Körper des Menschen zu gelangen. Der Borreliose Bund Deutschland e.V. gibt dazu folgende Tipps:

In der Haut fest sitzende Zecken sind mit ihrem Stech-Saugrüssel dübelartig in der Haut verankert. Sie können selbst nicht schnell loslassen und müssen herausgezogen werden.

Große Zecken: Mit den Fingernägeln oder geeigneten (gebogenen) Pinzetten oder Zeckenzangen herausziehen. Ziehen Sie mit geringer Zugspannung gerade und gleichmäßig wie beim Ablösen eines Klebeetiketts.

Kleine Zecken: Benutzen Sie zum Herausziehen der winzigen Nymphen feine Pinzetten. Hilfreich ist das Auftropfen von Kältespray auf die Zecke. Die Zecke und die dortige Hautstelle wird für etwa eine ½ Min. tiefgefroren. In dieser Zeit lässt sich die gefrorene Zecke leicht und ohne gequetscht zu werden herausziehen. Bricht der Saugrüssel der Zecke ab, ist das nicht schlimm. Er verbleibt als ungefährlicher kleiner Splitter noch eine Weile in der Haut und wird später abgestoßen. Die Stichstelle sollte desinfiziert werden. Chemische Hilfsmittel, die das Zeckenziehen erleichtern sollen, schaden nicht, solange sie unmittelbar vor dem Entfernen der Zecke eingesetzt werden. Gefährlich ist das langfristige Traktieren der Zecken vor dem Entfernen, z.B. mit Klebstoff, Fett, Öl.

Geübten gelingt das Zeckenentfernen auch mit der Spitze eines kleinen Skalpells oder einer Injektionsnadel. Diese Methode schließt ein Quetschen der Zecke, wodurch die Erregerübertragung gefördert werden könnte, aus.

ℹ Im Internet unter 🖥 www.borreliose-bund.de

Obwohl nicht ganz in dieses Kapitel passend, soll an dieser Stelle dennoch vor einer weiteren Tierart gewarnt werden. Es handelt sich dabei um die geschlechtsreifen männlichen Rinder, die **Bullen**, die äußerst aggressiv sein können und schon manchem zu sorglosen Wanderer schwere Verletzungen beigebracht haben. Wenn Sie den Verdacht haben, dass sich bei den Tieren auf der Weide auch Bullen aufhalten oder Sie einem einsamen Bullen im Gelände begegnen, sollten Sie einen möglichst großen Bogen um die Tiere machen.

Telefon

Sie erreichen einen schottischen Anschluss aus dem Ausland, indem Sie zunächst die Landesvorwahlnummer für Großbritannien wählen (0044), dann die örtliche Vorwahl **ohne** die führende "0" (z.B. 141 für Glasgow) und dann die Nummer des Anschlusses.

Das Telefonieren in umgekehrter Richtung erfolgt analog. Denken Sie daran, auch hier die führende "0" vor der Ortsvorwahl wegzulassen. Die **Landesvorwahlnummern** sind für Deutschland 0049, Österreich 0043 und die Schweiz 0041.

Neben den Münztelefonen gibt es ähnlich wie in Deutschland auch in Schottland mehr und mehr **Kartentelefone**. **Telefonkarten** können Sie in allen Postämtern, in vielen Zeitschriftenläden und in den TI-Büros kaufen.

Darüber hinaus gibt es inzwischen schon viele Fernsprechapparate, von denen Sie auch mit **Kreditkarten** telefonieren können. Die Münzapparate nehmen Münzen zu 10, 20 und 50 p sowie £ 1, geben aber kein Wechselgeld heraus.

In den meisten Telefonzellen können Sie sich anrufen lassen. Die Nummer ist an jedem Apparat angegeben.

Bei Schwierigkeiten können Sie unter der gebührenfreien Rufnummer "100" die Vermittlung (*operator*) erreichen: "Hier werden Sie geholfen".

Die Netze der britischen **Mobilfunkbetreiber** sind nahezu flächendeckend, sodass Sie fast überall mit Ihrem Handy telefonieren können.

☺ In den meisten Hotels werden sehr hohe Telefongebühren erhoben. Benutzen Sie lieber öffentliche Telefone, die besonders wochentags nach 18:00 oder am Wochenende günstige Tarife anbieten.

 Der **Notruf** hat die Nummer 999

Telefonzellen findet man überall auch in den abgelegensten Gegenden (he)

Trinkgeld

In Restaurants oder Cafés ist es üblich, zwischen 10 und 15 % Trinkgeld zu geben, wenn Sie mit der Bedienung zufrieden waren. In manchen Restaurants wird auf der Rechnung schon automatisch ein Trinkgeld zum Betrag dazugerechnet. In diesem Fall wird kein zusätzliches Trinkgeld erwartet. In Bars oder Pubs wird ebenfalls kein Trinkgeld erwartet.

Trinkwasser

Unterwegs können Sie Trinkwasser an vielen Hotels kostenlos bunkern. Dazu finden Sie an den meisten Hotels außen angebrachte Wasserhähne. Wasser aus stehenden Gewässern sollten Sie auf keinen Fall unbehandelt trinken.

Viele warnen auch davor, das Wasser aus vermeintlich sauberen Bächen wegen möglicherweise vorhandener Krankheitserreger (die z.B. über Weidevieh in die Gewässer gelangen können) zu trinken. Wenn Sie also sicher sein wollen, halten Sie sich am besten an die öffentliche Wasserversorgung.

Unterkunft

Entlang des West Highland Ways haben Sie die Wahl zwischen verschiedenen Unterkunftsmöglichkeiten, wobei nur in den größeren Orten das gesamte Spektrum angeboten wird.

Da in vielen Orten die Zahl der Betten sehr gering ist, empfiehlt sich für alle Etappenziele eine Vorausbuchung. Dies gilt besonders für die Monate Mai bis August. Vorausbuchen können Sie selbst oder über die TI-Büros, die für diesen Dienst in der Regel eine Vermittlungsgebühr verlangen. Darüber hinaus besteht die Möglichkeit, sich an einen speziellen Vermittler zu wenden, der für eine geringe Gebühr die Unterkünfte in der gewünschten Kategorie für den gesamten Weg vorausbucht.

Für den West Highland Way gibt es mehrere Agenturen, darunter:
- **easyways**, Accomodation Booking Service, Room 32, Haypark Business Centre, Marchmont Anebue, Polmont, Stirlingshire FK2 0NZ, ☎ 0 13 24/71 41 32, FAX 01324/887766, 🖥 www.easyways.com
- **AMS West Highland Way Services**, 19 Steel Crescent, Denny, Stirlingshire FK6 5JP, ☎ 0 13 24/82 31 44, 🖥 www.ams-scotland.com, ✉ info@ams-scotland.com

Fast an jedem Etappenziel finden Sie ein **Hotel**. In den größeren Orten können Sie zwischen Häusern mit unterschiedlichem Standard und verschiedenen Preisen wählen.

In den kleinen Hochlandorten haben Sie allerdings keine Auswahl mehr. Diese bestehen meist nur aus dem Hotel und einer Handvoll Häusern.

Die Hochlandhotels haben zum Teil eine über mehrere hundert Jahre zurückreichende Geschichte als Drover's Inn, ehemalige Herbergen für Viehtreiber und ihre Tiere. Diese Häuser sind oft gemütlich und stilvoll eingerichtet und sehr beliebt, sodass eine rechtzeitige Vorausbuchung unbedingt angeraten ist.

Die Preise für eine Übernachtung mit Frühstück sind gerade in diesen Hochlandhotels relativ niedrig. Teilweise werden pro Person und Tag nur gut £ 25 verlangt. In den größeren Orten liegen die Preise deutlich höher. In diesem Buch sind die Unterkünfte wie folgt gekennzeichnet:

▷ £A weniger als £ 15
▷ £B von £ 15 bis 20
▷ £C von £ 20 bis 30
▷ £D von £ 30 bis 40
▷ £E von £ 40 bis 50.

B&B Nahezu überall, auch zwischen den Etappenzielen, erhalten Sie Unterkunft in Pensionen, Gästehäusern oder privaten Zimmern. Eine britische "Spezialität" ist die Vermietung einzelner Räume in einem privaten Haushalt.

Diese **Bed & Breakfast (B&B)**-Angebote erfreuen sich eines großen Zuspruchs, weil sie einerseits relativ preiswert sind (Übernachtung und Frühstück schon ab £ 18) und andererseits den Reisenden direkt mit der einheimischen Bevölkerung in Kontakt bringen.

Man wird von den meist freundlichen Besitzern, oft sind es verwitwete ältere Damen, wie ein guter Freund oder eine Freundin aufgenommen und entsprechend bewirtet. Abends können Sie bei einer Tasse Tee mit der Hausherrin oder dem Hausherrn plaudern. Morgens wird das Frühstück oft gemeinsam eingenommen. Leider entwickeln sich immer mehr dieser Privatunterkünfte zu unpersönlichen Gästehäusern mit vielen zu vermietenden Zimmern.

☺ Einige Vermieter bieten ihren Gästen einen **kostenlosen Fahrservice** (*pick up service*) an. Wanderer ohne eigenes Auto können sich vom Vermieter an einem vorher abgesprochenen Ort abholen und/oder am nächsten Tag wieder absetzen lassen. Unterkünfte, die diesen Service bieten, sind in den Etappenbeschreibungen mit einem 🚗 gekennzeichnet.

🏠 Schottland ist mit einem dichten Netz von ca. 70 **Jugendherbergen** (*hostel*) überzogen. Je nach Ausstattung und Komfort vergibt die offizielle schottische Fremdenverkehrsorganisation VisitScotland den Herbergen bis zu fünf Sterne. Die Jugendherbergen in den größeren Orten haben in der Regel 4 bis 5 Sterne, einige Unterkünfte in abgelegenen Gegenden haben dagegen nur 2 Sterne.

Die Preise für die Übernachtung eines Erwachsenen liegen je nach Herberge zwischen £ 15 und £ 20.

Viele Hostels verfügen inzwischen über *privat rooms* für Familien, Paare oder gemischte Gruppen. Große Schlafsäle, wie man sie aus früheren Zeiten kennt, gibt es heute auch nicht mehr. Die meisten Gemeinschaftsräume haben nicht mehr als 10 Schlafplätze, meist sogar weniger. Sie sind einfach aber zweckmäßig möbliert mit Doppelstockbetten und einem kleinen Schrank für jeden Gast.

Viele Jugendherbergen verfügen über Möglichkeiten zum Wäschewaschen und -trocknen. Die meisten haben einen Aufenthaltsraum und/oder einen Fernsehraum sowie eine kleine Küche, um einfache Mahlzeiten selbst zubereiten zu können.

Einige betreiben einen kleinen Laden, in dem man die nötigsten Dinge kaufen kann. Die Verpflegungsmöglichkeiten variieren von einfachen Selbstbedienungsrestaurants über Coffee-Shops bis hin zu richtigen Restaurants.

Bettzeug (meist in Form eines einfachen Schlafsacks) wird gestellt, Handtücher können gegen eine geringe Gebühr geliehen werden.

Entlang des West Highland Ways finden Sie Jugendherbergen in Glasgow, Rowardennan (am Loch Lomond), Crianlarich, Glencoe (etwas abseits des Weges am Westende vom Glen Coe) und im Glen Nevis bei Fort William.

ℹ️ Detaillierte Informationen zu den einzelnen Herbergen sowie Buchungsmöglichkeiten finden Sie auf den Webseiten der **Scottish Youth Hostel Association** unter 🖥 www.syha.org.uk. Telefonisch können Sie unter ☎ 08 45/2 93 73 73 reservieren.

✋ Bitte denken Sie daran, dass Sie für Übernachtungen in Jugendherbergen einen gültigen Jugendherbergsausweis benötigen, den Sie aber auch in Schottland direkt in der Jugendherberge erwerben können.

Weit verbreitet und sehr beliebt vor allem bei jungen Reisenden sind die sich meist in Privathand befindlichen Billigunterkünfte, die sog. **Bunkhouses**. Die Klassifizierung durch VisitScotland stuft die meisten dieser unabhängigen Häuser mit zwei oder drei Sternen ein. Entsprechend preiswert ist die Übernachtung, die zwischen etwa £ 11 und £ 20 liegt.

Da die Häuser in Privathand sind gibt es keine einheitlichen Standards. Komfort und Ausstattung variieren von Unterkunft zu Unterkunft sehr stark. Allerdings geht auch hier der Trend weg von großen Schlafsälen hin zu kleineren Räumen. In vielen Hostels werden schon Einzel-, Zwei- oder Vierbettzimmer vermietet. In fast allen haben Sie die Möglichkeit, Ihr Essen selbst zuzubereiten.

Die meisten unabhängigen Hostels haben sich in der **Scottish Independent Hostels SiH** zusammengeschlossen. Derzeit gehören über 100 Häuser der Organisation an.

Auf der Website 🖳 www.hostel-scotland.co.uk der Organisation erhalten Sie weitere Informationen. Dort führen auch Links zu den einzelnen Häusern. Außerdem können Sie sich dort den sog. **blue hostel guide** herunterladen, ein Flyer mit Kurzportrait aller der SiH angeschlossener Unterkünfte.

Eine weitere Unterkunftsmöglichkeit bieten einfache Schutzhütten, sog. **Bothies**, die über das ganze Land verstreut auch in den entlegensten Gebieten stehen. Sie sind sehr spartanisch eingerichtet und nur selten verschlossen. Meist bieten Sie nur einfache Holzpritschen, aber man hat ein Dach über dem Kopf. Die Bothies gehören in der Regel Privatleuten oder bestimmten Organisationen und werden den Wanderern kostenlos für Übernachtungen zur Verfügung gestellt. In der Hochsaison sind die meisten stark frequentiert.

Die **Mountain Bothy Association** MBA kümmert sich um die Pflege der Hütten. Der Organisation gehört keine einzige Hütte, sie werden lediglich mit dem Einverständnis der Eigentümer hergerichtet und instand gehalten. Auf der Internetseite von MBA erhalten Sie detaillierte Informationen zu Lage und Ausstattung der einzelnen Bothies.

🛈   🖳 www. mountainbothies.org.uk

Auf dem West Highland Way finden Sie Bothies auf der 5. und 6. Etappe.

☺ Die Benutzung der Hütten ist zwar kostenlos, wenn Sie aber vorhaben, dort zu übernachten, wäre es fair, den Jahresbeitrag von £ 20 für eine Mitgliedschaft zu zahlen. Informationen dazu finden Sie auf der Internetseite von MBA. Dort finden Sie auch einen Verhaltenscodes mit einigen (eigentlich) selbstverständlichen Regelungen.

Während der Semesterferien bieten auch Studentenwohnheime der Universitäten oder Colleges Unterkünfte an. Diese Möglichkeit der **Campus Accomodation** finden Sie entlang des West Highland Ways in Glasgow.

⛺ Schottland ist eines der letzten Gebiete Europas, wo Sie wild zelten dürfen. Dies gilt auch für den West Highland Way, es sei denn, dass das Zelten ausdrücklich verboten ist. Da der Weg aber stark frequentiert ist, bitten die Ranger, möglichst die offiziellen Campsites (☞ bei den einzelnen Etappenbeschreibungen) zu nutzen. Sollten Sie dennoch in der Landschaft zelten wollen, dürfen Sie dies nicht auf eingezäunten Grundstücken tun und Sie sollten ihr Zelt möglichst außer Sichtweite von Gebäuden aufstellen und Straßen oder historische Plätze meiden.

Feuer sind wegen der Brandgefahr meist nicht erlaubt. Dass Sie keinen Müll hinterlassen und möglichst alle Spuren beseitigen, versteht sich von selbst. Inzwischen sind an einigen Stellen entlang des Weges offizielle Übernachtungsmöglichkeiten für Zelter geschaffen worden. Die markierten Plätze liegen meist nahe des Wanderweges. Sie dürfen für eine Nacht benutzt werden und bieten (wie beim Wildzelten üblich) keine sanitären Einrichtungen. Beachten sollte man, dass Feuermachen grundsätzlich verboten ist.

Darüber hinaus gibt es noch an einigen Hotels oder B&B-Unterkünften die Möglichkeit, auf ausgewiesenen Flächen sein Zelt aufzuschlagen. Hier besteht oft die Möglichkeit, die sanitären Anlagen des Hotels zu benutzen. Auf die jeweiligen Möglichkeiten wird in den Etappenbeschreibungen hingewiesen.

Natürlich besteht auch die Möglichkeit, auf offiziellen Campingplätzen zu übernachten, von denen es entlang des Weges eine ganze Reihe gibt. Auch hierzu finden Sie detaillierte Informationen in den einzelnen Etappenbeschreibungen.

Updates

Es gibt immer wieder Änderungen auf dem Weg. Der Conrad Stein Verlag veröffentlicht deshalb Updates zu diesem Buch, die direkt von dem Autor oder von Lesern dieses Buches stammen. Bitte schauen Sie vor der Abreise auf die Verlags-Homepage  www.conrad-stein-verlag.de.

Wettervorhersage

Täglich aktualisierte Wettervorhersagen erhalten Sie in fast allen größeren Orten. Sie hängen in den TI-Büros aus oder in Sport- und Ausrüstergeschäften. Auch in vielen Hotels können Sie aktuelle Wettervorhersagen erhalten.

Sonne und Regen wechseln häufig ab (he)

Speziell für Bergwanderer sind die Wettervorhersagen des schottischen **mountain weather information service (mwis)**. Dieser staatlich finanzierte Service liefert für acht verschiedene Regionen in Schottland, Wales und England sehr genaue tägliche Voraussagen für das jeweilige Bergwetter.

🛈   💻 www.mwis.org.uk

Wer im Winter in den Bergen unterwegs ist sollte sich auf jeden Fall vor der Tour über die Schnee-und Lawinenverhältnisse informieren. Auskunft zu Schneeverhältnissen und Lawinengefahren für die wichtigsten Bergregionen Schottlands erteilt der **Sportscotland Avalanche Information Service (SAIS)**.

🛈　💻 www.sais.gov.uk

Whisky

Schottland ohne Whisky ist kaum vorstellbar. Das Lebenswasser der Schotten hat eine uralte Tradition. Der Begriff leitet sich aus dem gälischen *Wisge* ab, was so viel wie Wasser bedeutet. Der erste schriftliche Nachweis stammt schon vom Ende des 13. Jahrhunderts. Der Whisky selbst ist aber noch um einiges älter.

Bis zum 16. Jahrhundert konnte jeder Schotte seinen Whisky frei brennen. 1579 kam es zu ersten Einschränkungen. Das Destillieren war nur noch einer privilegierten Gruppe von Landbesitzern erlaubt. Als im Jahre 1707 die Engländer den Whisky besteuerten, entstanden massenhaft **Schwarzbrennereien** im ganzen Land. Anfang des 19. Jahrhunderts schätzte man ihre Anzahl auf mehr als 14.000. Eine Hochburg illegaler Herstellung und des Handels von Whisky war unter anderem der Mugdock Wood, ein damals dichter, undurchdringlicher Wald im Norden von Glasgow, durch den der West Highland Way heute führt.

Whisky war damals ausschließlich ein Getränk der Schotten. Erst gegen Ende des 19. Jahrhunderts erlangte er Ansehen in der englischen Gesellschaft. Heute gibt es in Schottland ca. 170 Brennereien, die den "echten" schottischen Whisky, **Single Malt Whisky**, herstellen.

Single Malt stammt aus einer einzigen Brennerei und darf nicht mit anderen Whiskys verschnitten werden. Er wird aus reinem Gerstenmalz hergestellt und muss nach dem Destillieren mindestens fünf Jahre oder zehn und mehr Jahre in alten Eichenfässern reifen. Der Alkoholgehalt beträgt in der Regel 40 bis 43 % Vol. Daneben gibt es die sogenannten *cask strengths* mit mehr als 60 % Alkohol. Kenner schätzen gerade diese Sorten.

Jeder Single Malt hat seinen eigenen, unverwechselbaren Geschmack. Dies liegt an der Zusammensetzung der mehr als 800 unterschiedlichen Substanzen, Aromastoffe und Ester, die während der Herstellung und des Reifeprozesses in den Whisky gelangen. Obwohl jede Brennerei ihren eigenen Charakter hat, können Sie doch eine Faustregel aufstellen: Whisky von der Westküste und den dort vorgelagerten Inseln schmeckt im Allgemeinen hart und torfig. Bekannt und berüchtigt sind die Erzeugnisse von der Insel Islay. Dieser Whisky scheint regelrecht im Mund zu explodieren. Je weiter man nach Osten gelangt, desto weicher wird der Geschmack der bernsteinfarbenen Köstlichkeit.

Die sogenannten *blended* Whiskys unterliegen nicht diesen strengen Regeln und sind entsprechend billiger. Zu ihnen gehören auch die aus Roggen hergestellten Whiskys oder die besonders in den USA beliebten Bourbons, die Mais zur Grundlage haben.

Die **Herstellung** ist ein langwieriger und komplizierter Prozess. Zunächst wird das Getreide in Wasser eingeweicht, wobei sich die Stärke in Malzzucker umwandelt. Dieser sogenannte Grünmalz wird nun ganz vorsichtig über einem offenen Torffeuer bis zu zwei Tagen getrocknet.

Das trockene Malz wird anschließend mit Wasser versetzt, wobei der Zucker ausgespült wird. Dieser Extrakt wird mit Hefe versetzt und zum Gären gebracht. In etwa zwei Tagen hat sich der Zucker in Alkohol verwandelt. Die Flüssigkeit, der sogenannte *wash*, hat jetzt etwa 10 % Alkoholgehalt.

Der *wash* wird zweimal hintereinander gebrannt. Am Ende des Prozesses steht der **Baby Whisky** mit 70 % Vol. Alkohol. Er wird mit Wasser auf 63 % verdünnt und reift dann über Jahre in Eichenfässern (meist ehemaligen Sherryfässern) heran. Nach dem Reifen wird er mit Wasser aus der jeweiligen Gegend auf Trinkstärke verdünnt. Dies gibt ihm nochmals den letzten Schub charakteristischen Geschmacks.

Der Whisky wird nun in Flaschen gefüllt und steht zum Trinken bereit. Im Gegensatz zum Wein reift Whisky in der Flasche nicht mehr. Er sollte dann auch getrunken werden. Die Mahnung puritanischer Zeitgenossen, die Flasche lieber nicht zu öffnen, weil er noch besser wird, können Sie also getrost in den Wind schlagen und mit ruhigem Gewissen Ihren Whisky genießen.

Und noch ein Wort zur Schreibweise: In den USA und in Irland wird "Whiskey" mit "e" geschrieben, in Schottland ohne. Wir benutzen hier natürlich die "richtige" Schreibweise "Whisky".

- Malt Whisky - Das Standardwerk von Michael Jackson, Collection Rolf Heyne, 448 Seiten, 2004, ISBN 978-3899102345, € 28
- Whisky von Michael Jackson, Dorling Kindersley, 288 Seiten, Großformat, ISBN 978-3831007646, € 34,90
- Scotch Whisky - Wasser des Lebens von Walter Schobert und Carsten Eichner, Hädecke Verlag, 96 Seiten, 2006, ISBN 978-3775004879, € 12,95
- Das Whiskylexikon von Walter Schobert, Fischer TB, 640 Seiten, 2003, ISBN 978-3596158683, € 13,90. Fundiertes Nachschlagewerk über alle Marken, Destillen, Geschichte und Geschichten um die Herstellung von Whisky und Whiskey in aller Welt vom deutschen "Whisky-Papst".

Zeit

In Schottland gilt die auf den Längengrad Null bezogene **Greenwich Mean Time** (GMT). Unsere mitteleuropäische Zeit (MEZ) geht dagegen um eine Stunde vor. Die Umstellung von Sommer- auf Winterzeit und umgekehrt erfolgt seit 1996 bis auf Weiteres an den gleichen Tagen wie bei uns.

Die Einteilung der Tageszeit in 24 Std. ist weitgehend ungebräuchlich. In Schottland besteht der Tag aus 2 x 12 Std. Um Verwechslungen zu vermeiden, benutzt man für Zeiten **vor** 12:00 mittags den Zusatz **"a.m."** (lat. *ante meridiem*) und für Zeiten **nach** 12:00 mittags den Zusatz **"p.m."** (lat. *post meridiem*).

10 a.m. bedeutet also 10:00 morgens, während mit 10 p.m. 22:00 gemeint ist.

Zoll

Reisende aus EU-Mitgliedstaaten können Waren, die aus einem EU-Land stammen und zum persönlichen Gebrauch bestimmt sind, zollfrei ein- und ausführen. Allerdings gibt es auch hier Höchstmengen, bei deren Überschreiten der Zoll nicht mehr von privatem, sondern von gewerblichem Nutzen ausgeht und dann entsprechende Gebühren kassiert. Diese Höchstmengen sind:

▷ 3.200 Zigaretten, 400 Zigarillos, 200 Zigarren und 3 kg Tabak zum Selbstrollen, 10 l Spirituosen, 20 l weinhaltige Getränke, 90 l Wein (von denen nicht mehr als 60 l Schaumwein sein dürfen) und 110 l Bier.

Folgende Höchstmengen gelten für Reisende aus **Nicht-EU-Staaten** und Waren, die nicht aus EU-Ländern oder aus Duty-free-Shops stammen:

▷ 200 Zigaretten oder 100 Zigarillos oder 50 Zigarren oder 250 g Tabak, 2 l Tafelwein, 1 l Spirituosen über 22 % Vol. oder 2 l alkoholische Getränke unter 22 % Vol., 50 g (60 ml) Parfüm, 250 ml Eau de Toilette, andere Waren und Geschenke im Wert von £ 136. Übersteigen die eingeführten Waren diesen Wert, muss Zoll bezahlt werden.

✋ Jugendliche unter 17 Jahren dürfen keinen Alkohol oder Tabak einführen. Bestimmte Waren, wie z.B. Waffen, Fleisch- und Wurstwaren sowie Molkereiprodukte dürfen nicht eingeführt werden.

☺ Besucher aus Nicht-EU-Ländern können sich die in Schottland auf Waren aller Art bezahlte Mehrwertsteuer (VAT) zurückerstatten lassen. Dazu müssen Sie die Waren in einem Geschäft, das dem "Foreign Exchange Tax Free Shopping-System" angeschlossen ist, kaufen. Fragen Sie in dem Geschäft (nicht jedes Geschäft ist an dieses System angeschlossen) nach dem Formular "Tax Free Shopping", das Sie unter Vorlage Ihres Reisepasses ausfüllen müssen. Bei der Ausreise aus Großbritannien legen Sie dieses Formular der Zollbehörde (HM Customs and Excise) vor.

Der West Highland Way in 14 Etappen

Startpunkt des West Highland Ways in Milngavie
(📷 Dieter Großelohmann)

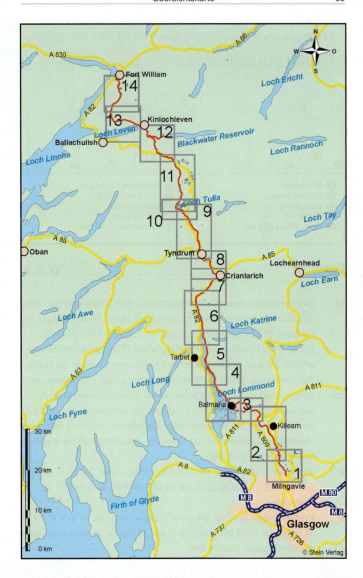

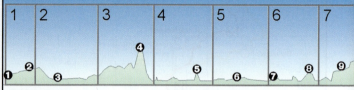

Höhenprofil des West Highland Way Gesamtübersicht

❶ Milngavie
❷ Khyber Pass
❸ Dumgoyne
❹ Conic Hill
❺ Ross Wood (Gipfel)
❻ Rob Roys Gefängnis
❼ Rob Roys Höhle
❽ Dubh Lochan
❾ Derrydorach
❿ Crianlarich (Bahnhof)

Glasgow

🛈 Das Touristenbüro finden Sie im Stadtzentrum in einer Seitenstraße des George Square in unmittelbarer Nähe von Queen Street Station: Greater Glasgow Tourist Board, 35 St. Vincent Place, Glasgow G1 2ER, ☎ 01 41/2 04 44 00, FAX 01 41/2 21 35 24, 🖥 www.seeglasgow.com, 🕒 ganzjährig. Darüber hinaus erhalten Sie auch in Milngavie im Walkers Welcome Centre in der Mugdock Road unmittelbar am Startpunkt des West Highland Ways Informationsmaterial.

🛏 Glasgow bietet als schottische Metropole eine große Anzahl von Hotels, Pensionen und Gästezimmern in allen Preislagen. Ein ausführliches Unterkunftsverzeichnis erhalten Sie im Touristenbüro. Die folgende Aufstellung listet einige Unterkunftsmöglichkeiten auf, die in der Nähe des Startpunktes des West Highland Ways in Milngavie liegen.

♦ **Black Bull Thistle Hotel**, Mr. James Duffy, Main Street, Milngavie, Glasgow G62 6BH, ☎ 01 41/9 56 22 91, FAX 01 41/9 56 18 96, 60 Betten, ÜF £E, 🕒 ganzjährig

♦ **Premier Lodge**, Burnbrai, Milngavie, Glasgow North, ☎ 01 41/9 42 59 51, 14 Betten, ÜF £D, 🕒 ganzjährig. Die Unterkunft liegt ca. 1,5 km vom Startpunkt des West Highland Ways entfernt.

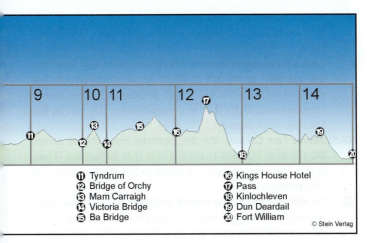

- ⑪ Tyndrum
- ⑫ Bridge of Orchy
- ⑬ Mam Carraigh
- ⑭ Victoria Bridge
- ⑮ Ba Bridge
- ⑯ Kings House Hotel
- ⑰ Pass
- ⑱ Kinlochleven
- ⑲ Dun Deardail
- ⑳ Fort William

© Stein Verlag

- ♦ **Best Foot Forward Guesthouse**, Mrs. Morag McNeill, 1 Dougalston Garden South, Milngavie G62 6HS, ☏ 01 41/9 56 30 46, FAX 01 41/9 55 03 04, 💻 www.bestfootforward.eu.com, 16 Betten, ÜF £D, 🗝 ganzjährig. Die Unterkunft liegt knapp 5 Gehmin. vom Startpunkt des West Highland Ways entfernt. Damit sichergestellt ist, dass bei Ihrem Eintreffen jemand vor Ort ist, teilen Sie Ihre Ankunftszeit rechtzeitig telefonisch mit.

- **B&B** **Laurel Bank**, 96 Strathblane Road, Milngavie, Glasgow, G62 8HD, ☏ 01 41/5 84 94 00, 💻 www.laurelbankmilngavie.com, ÜF £ D, 🗝 ganzjährig. Die Unterkunft liegt nur wenige Gehminuten vom Startpunkt des West Highland Ways entfernt. Die freundlichen und hilfsbereiten Vermieter, John und Barbara Adam, die geschmackvoll und gemütlich eingerichteten Gästezimmer sowie das reichhaltige, ausgezeichnete Frühstück werden von vielen Gästen ausdrücklich gelobt.

- ♦ **Allander B&B**, Eli Milne, 28 Buchanan Street, Milngavie, Glasgow, G62 8AN, ☏ 01 41/9 56 52 58, 💻 www.allanderbandb-milngavie.co.uk, ÜF £ D, 🗝 ganzjährig. Die Unterkunft liegt knapp 500 m vom Startpunkt des Wanderweges entfernt.

- ♦ **Mrs. Heather Ogilvie**, 13 Craigdhu Avenue, Milngavie, G62 6DX, ☏ 01 41/9 56 34 39, 6 Betten, ÜF £C, 🗝 März bis Oktober, 🚗. Die Unterkunft liegt 5 Gehmin. vom Startpunkt des West Highland Ways entfernt.

- **Glasgow Youth Hostel**, 8 Park Terrace, Glasgow G3 6BY, ☎ 01 41/3 32 30 04, 🖥 www.glasgowhostel.co.uk, 160 Betten, ganzjährig, 4 Sterne
- **Campus Accomodation**: University of Glasgow, 81 Great George Street, Glasgow G12 8RR, ☎ 08 00/0 27 20 30 (kostenlos innerhalb GB) oder ☎ 01 41/3 30 53 85, FAX 01 41/3 34 54 65, 34 Einzel- und 20 Zweibettzimmer, 1 Familienzimmer, ÜF £D, in den Semesterferien von Mitte März bis Mitte April sowie Juli bis September
- **Banknell Farm Campsite**, Allan Bell, Strathblane Road, Milngavie, Glasgow G62 8LE, ☎ 01 41/9 56 46 43, FAX 01 41/9 56 17 33, 50 Stellplätze, ganzjährig. Auf der Farm wird auch ein Cottage für bis zu 4 Personen vermietet (ab £ 190 pro Woche).
- Der größte Busbahnhof ist **Buchanan Bus Station** in der Cowgaddens Road in der Nähe von Queen Street Station. Von dort gibt es Busverbindungen in alle Richtungen Schottlands und nach England. Nach Fort William verkehren drei- bis viermal täglich Busse.
- Glasgow hat zwei größere Bahnhöfe: **Central Station**, hier werden die Verbindungen nach Süden abgewickelt, und **Queen Street Station**, wo die Verbindungen nach Norden beginnen und enden.
- Die IC-Züge nach **London** verkehren ab Central Station.
- **Fort William** wird von Queen Street aus bedient.

Glasgow (750.000 Einwohner) ist mit seinem nördlichen Stadtteil **Milngavie** Startpunkt des West Highland Way. Die Stadt hat es immer etwas schwer gehabt, aus dem Schatten des nur wenige Kilometer entfernten Edinburgh herauszutreten.

Schon Theodor Fontane mied den Ort, als er auf seiner Schottlandreise 1858 vom Loch Lomond zurückkam. Er überredete seinen Freund und Reisegefährten Lepel, der Glasgow unbedingt besuchen wollte, doch lieber gleich weiter nach Edinburgh zu fahren. Dazu genügte nach den Worten Fontanes ein Blick "auf einige der dreihundert Fuß hohen Fabrikschornsteine, deren eben mehrere, wie erstarrte Dampfsäulen, hoch in den Himmel stiegen." Fontane schließt seine Bemerkung über Glasgow mit dem Satz: "Der Schornstein ist das Wahrzeichen Glasgows."

Bis Mitte der 80er Jahre traf dieses vernichtende Urteil zu. Glasgow war eine mehr oder weniger vergammelte Stadt mit verrotteter Bausubstanz. Viele architektonisch interessante, aber baufällige Gebäude wurden abgerissen und an ihre Stelle sterile Hochhausbauten gesetzt. Dann besannen sich die Glaswegians, wie man die Bewohner der Stadt nennt, eines Besseren. Sie steckten enorme Geldmengen in die Sanierung einzelner Gebäude und ganzer Stadtviertel und riefen eine Werbekampagne zur Imageverbesserung ins Leben.

Alle diese Maßnahmen waren erfolgreich. Die größte Stadt Schottlands hat viel von ihrem früheren Schrecken eingebüßt. Sie ist zwar immer noch eine hektische, betriebsame Großstadt mit regem Verkehr und Industrie, bietet dafür aber viel Kultur, Grün und architektonische Leckerbissen.

1990 wurde sie zur europäischen Kulturhauptstadt gekürt. Restaurants und Pubs, einfache und exklusive Einkaufszentren, Museen, Theater und Parks bestimmen heute das Erscheinungsbild.

Glasgow gilt als kulturelle Hochburg Schottlands, deren Besuch sich immer lohnt.

Die Lowlands

Die ersten drei Etappen führen über 30 km durch die nördlichen Ausläufer der Lowlands **von Glasgow bis Balmaha** am Loch Lomond. Der West Highland Way verläuft durch sanft hügeliges Gelände meist auf alten Farmstraßen entlang einer nicht mehr genutzten Bahntrasse und für ein kurzes Stück am Rande einer Autostraße. Am Ende des Abschnitts, kurz vor Balmaha, wird es etwas mühseliger: Es steht die Überquerung des Berges **Conic Hill** an. Im gesamten Abschnitt sind die Wege breit und gut befestigt. Wandertechnisch bietet er keine Schwierigkeiten.

1. Etappe: Milngavie - Carbeth   6,1 km, ca. 1½ Std.

☺   Am einfachsten gelangen Sie aus Glasgows Zentrum mit der Bahn von Queen Street Low Level Station an den Ausgangspunkt der Wanderung nach Milngavie. Die Züge verkehren den größten Teil des Tages alle 30 Minuten. Sie enden am Bahnhof in Milngavie, von wo aus es nur ein kurzer Fußweg zum Startpunkt ist.

Darüber hinaus fahren vom zentralen Busbahnhof in der Buchanan Street (nur wenig vom Bahnhof Queen Street entfernt) Stadtbusse nach Milngavie, allerdings nicht so häufig.

Milngavie, eine Bank speziell für den West Highland Way (ir)

Unübersehbarer Startpunkt des West Highland Ways ist eine gut 2,5 m hohe **Steinsäule** in der Douglas Road, der Fußgängerzone von **Milngavie** (📷 Seite 68). Auf ihr ist die schottische Distel, die auch als Emblem für den Wanderweg dient, eingraviert. Der Obelisk steht unmittelbar an der Brücke über den Fluss **Allander Water**.

Die Fußgängerzone erreichen Sie am besten von der Bahnstation aus, in deren Nähe auch die Bushaltestellen liegen. Vom Nordende des Bahnhofs gelangen Sie durch eine Unterführung unter einer größeren Straße hindurch nach etwa 200 m in die autofreie Zone.

Die **Fußgängerzone** spiegelt den Charakter von **Milngavie** gut wider. Einerseits ist der nördliche Stadtteil Glasgows ein geschäftiges Zentrum mit

1. Etappe: Milngavie - Carbeth

Banken, Büros, Restaurants und verschiedensten Läden, andererseits hat er sich aber eine gewisse Ruhe und Naturverbundenheit erhalten.

Seit langer Zeit gilt der Ort bei den Bewohnern der City als Ausgangspunkt für Wanderungen in die Natur.

Die Aussprache des Ortsnamens, der aus dem Gälischen stammt, ist nicht ganz einfach, und Sie müssen lange üben, damit man es einigermaßen hinkriegt. Wenn Sie es etwa wie "Mull-guy" versuchen, werden Sie von den Einheimischen in der Regel verstanden.

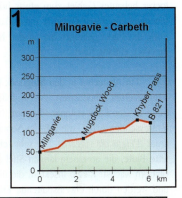

Der West Highland Way verlässt das Zentrum von Milngavie an der Steinsäule Richtung Norden entlang des **Allander Waters**. Er führt zunächst über locker bebautes Gebiet zum etwas höher gelegenen **Allander Park**, einem feuchten, moorigen Gelände mit Birken und gelb blühendem Ginster. Am Ende des Parks gelangen Sie an den **Mugdock Wood**, an dessen Westseite der Weg entlang führt.

☺ Ein Abstecher in den **Mugdock Wood** ist vor allem für den botanisch Interessierten lohnenswert. Als in Teilen naturnaher, feuchter Wald beherbergt er eine Fülle seltener Pflanzen. Faszinierend sind vor allem die insektenfressenden Arten, wie z.B der Sonnentau *(Drosera)* oder das Echte Fettkraut *(Pinguicula vulgaris)*. Die sehr seltene Pflanze hat jeweils eine blauviolette Blüte, die an einem langen Stiel aus rosettig am Boden angeordneten Blättern wächst. Kleine Insekten, die über die Blätter laufen, bleiben kleben und werden durch eiweißspaltende Enzyme verdaut. Auf diese Weise verschafft sich die Pflanze Nährstoffe, die in den armen, moorigen Böden nicht enthalten sind.

Anfang des 19. Jahrhunderts spielte der dichte Wald vor den Toren Glasgows eine gewisse Rolle bei der illegalen Produktion von Whisky. In dem unwegsamen Gelände hatten sich mehrere Schwarzbrennereien angesiedelt. Das schottische Nationalgetränk wurde von gut organisierten und bewaffneten Schmugglerringen aus dem Wald heraus bis zu den Abnehmern transportiert. Die Organisation und Bewaffnung der Schmuggler war so gut, dass sie im Jahre 1818 in einem regelrechten Gefecht mit Soldaten die Oberhand gewannen und so für eine gewisse Zeit Ruhe vor der ungeliebten Ordnungsmacht hatten. An diesen Aspekt der Geschichte erinnert nichts mehr. Der Wald ist heute ein Park mit einem relativ großen Eichenbestand, zwei Burgruinen und einem umfassenden Netz von Wander- und Spazierwegen.

Am Ende des Waldes kommen Sie an eine Straße, die linksversetzt überquert werden muss. Der Weg führt hier durch ein Feuchtgebiet zum Westufer des **Craigallian Loch**. Sie gehen weiter aufwärts bis zu einer Anhöhe (Khyber Pass) etwa auf halbem Weg zum **Carbeth Loch**. Dort gelangen Sie an einen kleinen Fahrweg, der zur B 821 führt, wo Sie das Ziel der ersten Etappe erreicht haben.

Blanefield/Strathblane   🚐 🚉 ☘ ① WC B&B

Blanefield liegt etwa 2 km weiter östlich. Ein Besuch dieses kleinen Ortes lohnt nicht.

2. Etappe: Carbeth - Drymen   12,9 km, ca. 3 Std.

Die zweite Etappe führt zunächst ca. 300 m auf der B 821 Richtung Westen. Gegenüber einer Farm verlassen Sie die Landstraße rechtwinklig nach Norden und gelangen mit Hilfe eines Tritts über eine Steinmauer. Der Untergrund wird nun relativ feucht und sumpfig. Nach ausgiebigen Regenfällen versinken Sie stellenweise bis zu den Knöcheln im Morast.

Kurz nachdem Sie die kleine Hütte von Arlehaven passiert haben, können Sie auf der rechten Seite des Weges auf einer kleinen Anhöhe mehrere große Felsbrocken sehen. Es handelt sich dabei um die **Dumgoyach Standing Stones**. Dieses historische Monument besteht aus fünf großen Steinen, die in gerader Linie von Südwesten nach Nordosten ausgerichtet sind. Über Sinn oder Zweck der Steine ist nichts überliefert. Man nimmt aber an, dass diese Stätte religiösen Kultzwecken der Siedler aus der Jungsteinzeit oder Bronzezeit diente.

Nach diesen eher unspektakulären Steinen führt der West Highland Way am **Dumgoyach** vorbei, einem Berg, den Sie schon lange vorher sehen können. Der steile bewaldete Kegel ist gut als erloschener Rest eines Vulkans zu erkennen. Aus diesem und ähnlichen Vulkanen stammen die Lavamassen des Clyde-Plateaus.

Nordwestlich des Berges liegt die Dumgoyach Farm, auf deren Zufahrt Sie über den Fluss **Blane Water** gelangen. Unmittelbar hinter der Brücke biegen Sie nach links auf die ehemalige Trasse der Bahnlinie Aberfoyle-Glasgow. Für die nächsten 6,5 km bis kurz vor Gartness folgen Sie der ehemaligen Bahnstrecke durch das Tal Strath Blane.

Das breite, flache Tal **Strath Blane** ist seit langer Zeit eine wichtige natürliche Verbindungslinie von Glasgow in den Norden.

Schon 1867 wurde die Blane-Valley-Bahn eröffnet, die bis Ende des 19. Jahrhunderts bis nach Aberfoyle führte. Nach dem Zweiten Weltkrieg

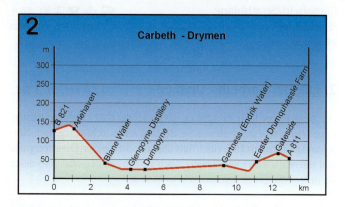

wurde die Ertragslage für die Gesellschaft immer schlechter, und so musste die Linie schließlich 1959 aufgegeben werden.

Heute verläuft auf der Trasse neben dem West Highland Way, verborgen unter einem gut sichtbaren Erdwall, eine etwa 1,5 m dicke Pipeline, die Wasser vom Loch Lomond bis nach Glasgow transportiert.

Während dieses Wasser im Wesentlichen von der Industrie genutzt wird, kommt das Glasgower Trinkwasser aus dem Loch Katrine in den Trossachs. Die hierfür benötigte Leitung verläuft an den steilen Hängen von **Campsie Fell**, die das Tal nach Osten hin begrenzen.

Aus geologischer Sicht ist das Tal nicht durch die erodierenden Kräfte des kleinen Flusses **Blane Water** entstanden. Bei dem breiten Talboden handelt es sich mit großer Wahrscheinlichkeit um die sandigen Reste eines großen Sees aus der letzten Eiszeit. Der Boden ist sehr fruchtbar. Was besonders ins Auge fällt, ist der Mangel an Steinen. So finden Sie im Tal auch nicht die sonst üblichen Steinwälle als Begrenzungsmauern.

☺ Etwa 1,5 km nach der Überquerung des Blane Waters kommen Sie an der rechts vom Weg liegenden **Glengoyne Distillery** vorbei, die seit etwa 150 Jahren Malt Whisky produziert. Hier können Sie sich in die Geheimnisse der Whiskyerzeugung einführen lassen.

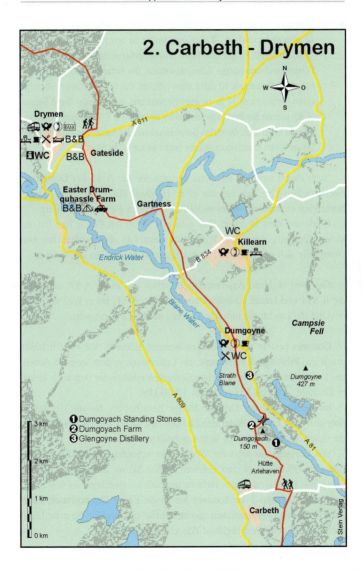

- **Glengoyne Distillery**, ☎ 0 13 60/55 02 54, FAX 0 13 60/55 00 94, 💻 www.glengoyne.com, 🕒 ganzjährig Mo bis Sa von 10:00 bis 16:00, So von 12:00 bis 16:00. Es gibt eine Reihe unterschiedlicher Besichtigungstouren mit Führung und einer kurzen Videopräsentation. Die einfachste Tour (£ 6,50) enthält einen Probetrunk 10 Jahre alten Whiskys. Für £ 8,50 erhalten Sie schon einen Probeschluck 17 Jahre alten Whiskys und in der Master Blend Session (£ 30) können Sie Ihren eigenen Whisky kreieren. Für £ 100 (Masterclass) verrät man Ihnen auch die letzten Geheimnisse und Sie haben Zugang zum Lager. Die geführten Besichtigungstouren beginnen zur vollen Stunde.

Nach einem weiteren Kilometer kreuzen Sie die A 81 bei **Dumgoyne**, einem kleinen Ort, der nur aus einer Handvoll Häusern besteht. Seinen Namen hat er von dem weiter südöstlich liegenden gleichnamigen Berg.

Direkt am West Highland Way gelangen Sie an das Beech Tree Inn, ein kleines Gasthaus, das 7 Tage/Woche das ganze Jahr über geöffnet hat. Hier können Sie sich erfrischen und auch kleinere Mahlzeiten zu sich nehmen.

Der West Highland Way verläuft jetzt relativ nah an der A 81, unterquert die B 834 und kreuzt schließlich nochmals die A 81, bis er kurz vor Gartness auf die Landstraße trifft, die Drymen mit Killearn verbindet.

Gartness besteht nur aus einigen wenigen Häusern. Vor einigen Jahren wurde das **Wishingwell Farmhouse**, ein Coffeeshop, in dem Sie auch Andenken kaufen können eröffnet. Neben Getränken erhalten Sie dort auch kleinere Gerichte. 🕒 Di bis Sa von 10 bis 17:00 Uhr.

Im Herbst zieht der Ort jede Menge Besucher an, die von der Brücke über den Fluss **Endrick Water** den Lachsen zuschauen, wie sie aufwärts durch die vielen Stromschnellen zu ihren Laichplätzen wandern.

Von **Gartness** aus führt der Weg auf der schmalen Landstraße Richtung Gateside. Obwohl nicht stark befahren, sollten Sie vor allem in den unübersichtlichen Kurven mit Autos rechnen und sich entsprechend vorsichtig verhalten. Nach knapp 2 km kommen Sie an die **Easter Drumquhassle Farm**. Diese Farm hat sich inzwischen zu einem beliebten Stop für die erste Übernachtung auf dem West Highland Way entwickelt.

2. Etappe: Carbeth - Drymen

B&B Easter Drumquhassle Farm, Mrs. Julia Cross, Gartness Road, Drymen G63 0DN, ☎ 0 13 60/66 08 93, 9 Betten (ÜF £D), ganzjährig,

⚠ Auf der Farm gibt es auch einige Stellplätze für Zelte sowie zwei Holzhütten mit Schlafmöglichkeiten für bis zu 6 Personen. Bei schlechtem Wetter kann eine große Scheune genutzt werden, Kochbereich, Wäschetrockner und Waschmaschine sind verfügbar, Ü £A.

Von der Farm aus sind es nur noch wenige Min. bis Gateside, ein kleiner Weiler mit einer B&B-Unterkunft.

B&B Ceardach, Mrs. Betty Robb, Gartness Road, Gateside, Drymen G63 0BH, ☎ 0 13 60/66 05 96, 3 Betten, ÜF £D, ganzjährig,

Kurz hinter Gateside, die Straße biegt fast rechtwinklig nach Westen, verlässt der West Highland Way die Straße und verläuft weiter nördlich auf einem alten Trampelpfad über eine Wiese bis zur A 811, wo das Ende der Etappe erreicht ist.

Der West Highland Way verläuft von hier aus weiter Richtung Osten. In entgegen gesetzter Richtung gelangen Sie nach 1 km nach **Drymen**.

Drymen

🛏 Winnock Hotel, The Square, Drymen, Stirlingshire G63 0BL, ☎ 0 13 60/66 02 45, FAX 0 13 60/66 02 67, 💻 www.winnockhotel.com, 91 Betten, ÜF £F, ganzjährig, jeden Sonntag schottische Nächte mit Livemusik

B&B The Hawthorns, Mrs. Evelyn Moir, The Square, Drymen G63 0BH, ☎ 01360/660916, 6 Betten, ÜF £D, ganzjährig

♦ The Clachan Inn, Square, Drymen, Glasgow, G63 0BL, ☎ 0 13 60/66 08 24, 💻 www.clachaninndrymen.co.uk, ganzjährig. In Schottlands ältestem Pub (s.u.) werden auch vier gemütlich eingerichtete Zimmer vermietet.

♦ Elmbank, Mrs. Caroline Fraser, 10 Stirling Road, Drymen G63 0BN, ☎ 01360/661016, 💻 www.elmbank-drymen.co.uk, 8 Betten, ÜF ab £C, ganzjährig

♦ Glenalva, Mrs. Alison Fraser, Stirling Road, Drymen G63 0AA, ☎ 0 13 60/66 04 91, 4 Betten, ÜF £C-D, März bis November

Etwa auf halbem Weg nach Balmaha gibt es einen ausgewiesenen Platz, wo Sie Ihr Zelt für eine Nacht aufschlagen können (☞ Beschreibung nächste Etappe).

 Busverbindungen nach Balmaha und Glasgow sowie Stirling, Aberfoyle und Balloch

Drymen ist mit seinen 800 Einwohnern der letzte größere Ort entlang des West Highland Ways Richtung Norden bis Kinlochleven in etwa 100 km Entfernung. Einen Besuch lohnt der - nach eigenen Angaben - älteste Pub Schottlands. **The Clachan**, der schon seit 1734 eine Schanklizenz hat, ist auch bei Wanderern sehr beliebt. Das Essen ist sehr schmackhaft und die Portionen riesig.

The Clachan (ir)

☺ Obwohl Sie entlang des West Highland Ways auf den Campingplätzen noch einige Läden finden werden, sollten sich Selbstversorger spätestens hier mit den notwendigsten Grundnahrungsmitteln eindecken, da die Campingläden oft nur über ein sehr begrenztes Warensortiment verfügen.

3. Etappe: Drymen - Balmaha   11,5 km, ca. 3½ Std.

Die dritte Etappe führt zunächst etwa 400 m neben der A 811 in Richtung Osten, bis Sie an ein Farmgebäude gelangen, das auf der rechten Straßenseite steht. Hier biegen Sie im rechten Winkel nach links in einen Feldweg, der von einem dichten Ginsterbesatz flankiert wird. Besonders schön ist dieser Streckenabschnitt im Frühling und Frühsommer, wenn der Ginster blüht. Sie wandern durch ein wogendes gelbes Meer und werden vom aromatischen Duft der Blüten regelrecht betört.

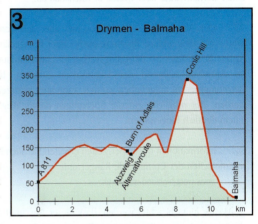

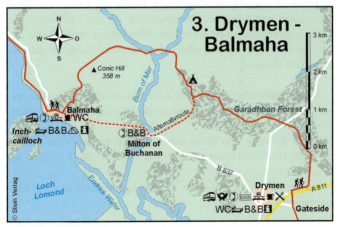

Der Pfad führt in den **Garadhban Forest**, dessen Aussehen in den letzten Jahren durch Rodungsarbeiten arg ramponiert wurde. Auf guten Waldwegen durchqueren Sie den Wald.

Kurz vor dem Ende des Waldes überqueren Sie den Burn of Achlais und kommen etwa 200 m weiter an eine Wegkreuzung. Hier zweigt nach links eine **Alternativroute über Milton of Buchanan** ab.

✋ Der Abschnitt des Weges von hier über den **Conic Hill** bis **Balmaha** führt - wie viele andere Teilstücke auch - über Privatgelände. Für diesen Teil hatten die Besitzer ein Betretungsverbot für eine Zeitdauer von vier Wochen im April/Mai während der Lammsaison erlassen. Inzwischen ist das Betretungsverbot aufgehoben worden, kann aber jederzeit wieder eingeführt werden. Auf mögliche erneute Sperrungen dieses Wegabschnitts wird mit Tafeln deutlich hingewiesen.

☺ Informationen über Sperrzeiten erhalten Sie auch im Vorwege auf den Internetseiten der Countryside Ranger unter
🖥 www.west-highland-way.co.uk.

Weiter muss beachtet werden, dass dieser Abschnitt für Hunde während der Lammzeit generell gesperrt ist. Das gilt auch für angeleinte Hunde. Diese Restriktionen sind Teile eines Übereinkommens mit dem Landbesitzer. Sie sollten bedenken, dass es nur von seinem Willen abhängt, ob der Weg in diesem Abschnitt weiter benutzt werden darf oder nicht. Halten Sie sich also bitte an die Verbote.

Die **Alternativroute** führt auf einer breiten Forststraße aus dem Wald heraus und trifft bei **Milton of Buchanan** auf die B 837, wo es weiter Richtung Westen bis Balmaha geht.
B&B Mar Achlais, Mr. Peter Nichols, Milton of Buchanan, Balmaha/Drymen G63 0JE, ☎ 0 13 60/87 03 00 und 0 13 60/87 04 44, 6 Betten, ÜF £D, 🍴 ganzjährig, 🚗

Auf der Hauptroute geht es nun zunächst noch durch Wald weiter Richtung Nordosten.

Knapp 1 km nach der Abzweigung der Alternativroute vom eigentlichen West Highland Way kurz vor dem offenen Gelände gibt es auf der rechten Seite des Weges eine offizielle Aufstellmöglichkeit für Zelte. Hier darf für eine Nacht campiert werden.

Gleich darauf endet der Wald. Es geht nun durch offenes Moorland auf den von hier schon gut zu sehenden Conic Hill zu. Auf einer Brücke überqueren Sie zunächst den **Kilandan Burn** und anschließend den **Burn of Mar**, zwei kleine Flüsse, die in den **Endrick Water** münden. Von nun an geht es ständig bergauf. Der Pfad wird immer steiler. Bis zum Scheitelpunkt des Weges sind gut 100 Höhenmeter zurückzulegen.

Der West Highland Way führt nicht direkt über den Gipfel des Conic Hill, sondern umgeht ihn auf seiner Nordseite. Obwohl Sie auch von hier oben schon eine gute Aussicht haben, lohnt es sich, besonders an klaren Tagen, die wenigen Höhenmeter bis zum Gipfel zu ersteigen. Von dort haben Sie eine wunderbare Fernsicht auf **Loch Lomond** mit seinen Inseln und die umgebende Landschaft.

Nach Nordosten lässt sich der weitere Verlauf des Weges entlang des Sees bis zum nächsten größeren Gipfel, **Ben Lomond**, verfolgen. Zurück blicken Sie auf die bereits gewanderte Strecke in dem sanften, hügeligen Gelände der Lowlands. Am Horizont lassen sich die Hochhäuser Glasgows erkennen. An klaren Tagen können Sie die Berge der Insel Arran, die mehr als 80 km südlich liegt, sehen.

Von diesem Punkt wird einem auch schnell klar, dass Loch Lomond sowohl ein Gewässer der Highlands als auch der Lowlands ist. Die **Highland-Boundary-Fault** (☞ Einleitung, Geographie), die geografische Grenze zwischen beiden Regionen, ist gut an der wie auf einer Kette aufgereihten Linie der Inseln zu erkennen.

Obwohl der Berg **Conic Hill** aus manchen Perspektiven konisch erscheint, hat er seinen Namen nicht wegen dieser Form erhalten. Der Ursprung liegt vielmehr im Gälischen. "A' Coinneach", wie er ursprünglich hieß, bedeutet der "Moosige" oder "Morastige".

Ben Lomond (he)

Der Berg liegt nahe der Grenze zwischen Highlands und Lowlands. Er besteht nicht aus dem gleichen Gesteinsmaterial wie die Highland-Berge. Als diese sich immer weiter über die Lowlands schoben und nach Süden vordrangen, drückten sie mit ihrem enormen Gewicht riesige Gesteinsmassen der Lowlands in die Tiefe. Als Ausgleich wurden dann an anderer Stelle entsprechende Gesteinsmassen nach oben gedrückt. Aus diesem Gestein entstand der Berg Conic Hill.

Der Abstieg nach Balmaha erfolgt zunächst auf einem relativ steilen Pfad über offenes Gelände, bis Sie am Fuße des Berges in einen Wald gelangen. Durch diesen führt der Weg weiter bis zu einem Parkplatz an der B 837 in **Balmaha** an der gleichnamigen Bay. Hier haben Sie das Ziel der 3 Etappe erreicht.

Balmaha

- Oak Tree Inn, Lucy and Sandy Fraser, Balmaha G63 0JQ, ☏ 0 13 60/87 03 57, 🖥 www.oak-tree-inn.co.uk, 18 Betten, ÜF ab £D im Bunk Room, ganzjährig

B&B Bay Cottage B&B, Mrs. Elisabeth Bates, Balmaha G63 0JQ, ☏ 0 13 60/87 03 46, 🖥 www.lochlomond-cottage.co.uk, 9 Betten, ÜF £D, ganzjährig. Die Unterkunft wird von einigen Wanderern als eine der besten auf dem gesamten West Highland Way beschrieben, was vor allem der freundlichen und sehr hilfsbereite Gastgeberin "Liz" zu verdanken ist.

- ♦ Passfoot Cottage, Balmaha, Glasgow, G63 0JQ, ☏ 0 13 60/87 03 24, 🖥 www.passfoot.com, ÜF £D, ganzjährig. Die Unterkunft liegt am Wanderweg
- ♦ Balmaha House, Balmaha, Glasgow, G63 0JQ, ☏ 0 13 60/87 02 18, 🖥 www.balmahahouse.co.uk, ÜF £D, ganzjährig. Im Sommer werden auch Schlafmöglichkeiten in einem angeschlossenen Bunkhouse angeboten.

Der Ort ist über eine Buslinie mit Drymen verbunden.

WC Ein öffentliches WC und eine frei zugängliche Wasserzapfstelle gibt es auf dem Parkplatz.

Balmaha ist ein kleiner abgelegener Ort, der vom Tagestourismus lebt. Im Winter und bei schlechtem Wetter herrscht hier absolute Ruhe. Bei gutem Wetter ist die Straße überfüllt. Der kleine Laden ist zwar teuer, bietet aber ein überraschend vielseitiges Sortiment.

Loch Lomond

Die Etappen 4 bis 6 führen über fast 35 km am Ostufer von Loch Lomond entlang. Die aus den Lowlands bekannten breiten, gut zu gehenden Wege werden zu schmalen Pfaden. Besonders am Nordende des Sees ist an einigen Stellen Vorsicht geboten, um nicht von den steilen Ufern abzurutschen und in den See zu stürzen. Auf Schwierigkeiten wird in den einzelnen Etappenbeschreibungen konkret hingewiesen.

Loch Lomond ist mit einer Fläche von 73 km² der größte Süßwassersee Schottlands. Der Südteil des Sees liegt in den Lowlands. Er ist breit und flach und mit vielen Inseln bedeckt. Nördlich der Highland-Boundary-Fault wird er schmal und tief. Der See ist seit langer Zeit eine beliebte Touristenattraktion. Schon im 19. Jahrhundert strömten Heerscharen von Besuchern an die "Bonny, Bonny Banks of Loch Lomond". Und heute ist es nicht anders. An schönen Sommertagen tummeln sich zehntausende von Besuchern an den Stränden und auf dem Wasser. Die vielen kleinen Orte entlang des Sees quellen schier über. Besonders schlimm ist es auf der Westseite des Sees, der durch die A 82 gut erschlossen ist. Auf der Ostseite führt nur eine relativ schmale Straße bis Rowardennan, von da an gehört der See allein den Wanderern.

Das Gebiet um Loch Lomond und die nordöstlich liegenden Trossachs ist vor einigen Jahren vom schottischen Parlament zum Loch Lomond & The Trossachs National Park erklärt worden.

Informationen erhalten Sie auf der offiziellen Website des Parks
- ♦ www.lochlomond-trossachs.org.

4. Etappe: Balmaha - Rowardennan

12,1 km, ca. 3½ Std.

Sie verlassen Balmaha auf der Straße nach Rowardennan, müssen aber nach wenigen Metern links in Richtung zum alten Anleger von Balmaha abzweigen. Von dort geht es steil bergauf Richtung Norden auf den Gipfel eines flachen Hügels. Oben erinnert ein Steinhaufen an die offizielle Eröffnung des West Highland Ways.

4. Etappe: Balmaha - Rowardennan

Der Hügel, von den Einwohnern **Craigie Fort** genannt, bietet einen wunderbaren Ausblick über den gesamten südlichen Teil des Sees und seine Inseln. Richtung Norden sehen Sie am Ostufer des Sees Ben Lomond aufragen.

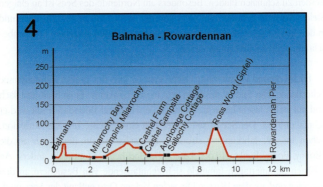

Durch Eichenwald führt der Weg wieder hinunter an das Ufer des Sees, wo er weiter bis zur Bucht von **Milarrochy** verläuft. Hier gelangen Sie endgültig in die Highlands.

Am Ende der Bucht kurz hinter einem Parkplatz führt der Weg wieder an die Straße, um dem Campingplatz von Milarrochy auszuweichen, der zwischen Straße und Ufer liegt. Im Campingladen können Sie Lebensmittel und andere Kleinigkeiten einkaufen.

Camping and Caravanning Club Site, Milarrochy Bay, Balmaha, Stirlingshire G63 0AL, ☎ 0 13 60/87 02 36, 150 Stellplätze, März bis Oktober, Stellplätze für Wanderer ab £ 5, Trockenraum und Kochmöglichkeit

Entlang der Straße geht es weiter bis zum Fluss **Blair Burn**, wo Sie die Südwestecke des **Queen Elizabeth Forest Park** erreichen, der hier allerdings großflächig abgeholzt wurde.

Der Park, im Wesentlichen ein riesiger Eichenwald, erstreckt sich vom See ostwärts über eine Fläche von etwa 17.000 ha.

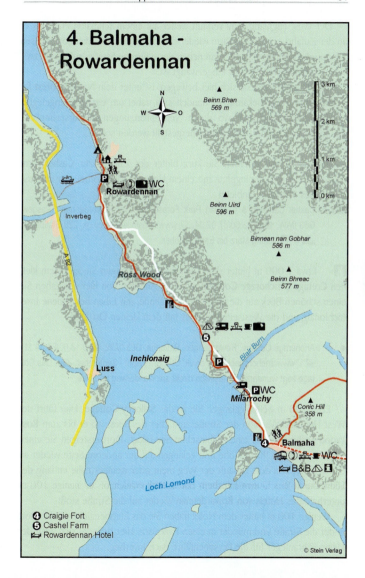

Der West Highland Way verläuft weiter auf einem schmalen Pfad, bis er an der Zufahrt zur Cashel Farm wieder die Straße erreicht. Von dort müssen Sie nun die nächsten knapp 2 km neben der schmalen Straße laufen, die zwischen See und steilem Ufer eingezwängt ist.

Der Wald, in dem Sie sich hier bewegen, ist unter dem Namen **Forest for a Thousand Years** bekannt. Es handelt sich dabei um ein groß angelegtes Landschaftsschutzprojekt, wo durch Neuanpflanzungen der ursprüngliche natürliche Wald Schottlands wiederhergestellt werden soll.

Auf der Straße kommen Sie kurz hinter der Zufahrt zur **Cashel Farm** erneut an einem Campingplatz mit einem kleinen Laden vorbei, der ein ausreichendes Sortiment anbietet.

Cashel Camping & Caravan Park Forest Holidays, Rowardennan, Glasgow, G63 0AW, ☎ 0 13 60/87 02 34, 💻 www.forestholidays.co.uk, 220 Stellplätze, Anfang März bis Ende Oktober.

Etwa 1.000 m hinter dem Campingplatz gelangen Sie zu einem kleinen Cottage (**Anchorage Cottage**) auf einer Anhöhe. Von hier aus haben Sie einen schönen Blick auf die unter Ihnen liegende, mit Eiben bestandene Insel **Inchlonaig** und die Westseite des Sees mit dem kleinen Ort **Luss**.

♦ Anchorage Cottage, Rowardennan, Balmaha, G63 0AW, ☎ 0 13 60/87 04 11, 💻 www.anchoragecottage.co.uk, ÜF £E, April - September, 🚗. Das Cottage liegt wunderschön idyllisch direkt am Wanderweg und See.

Etwa 200 m weiter gelangen Sie an das **Sallochy Cottage**. Hier führt der West Highland Way von der Straße zum Ufer des Sees, wo er bis zum **Ross Wood** weiterläuft, der eine Halbinsel im See bildet. Dort ersteigen Sie einen Hügel von knapp 90 m Höhe und gelangen auf der anderen Seite wieder an das Seeufer. Von dort verläuft der Weg mehr oder weniger nahe entlang des Ufers durch Bruch- sowie Eichen- und Lärchenwälder, bis er wenige 100 m unterhalb des **Hotels von Rowardennan** wieder auf die Straße stößt.

Wenige 100 m hinter dem Hotel haben Sie das Etappenziel erreicht. Dort endet die Straße und mündet in einen Parkplatz. Hier befindet sich auch der kleine Fähranleger für die Personenfähre nach Inverbeg.

Rowardennan

- Rowardennan Hotel, Stirlingshire G63 0AR, ☏ 0 13 60/87 02 73, FAX 0 13 60/87 02 51, 💻 www.rowardennanhotel.co.uk, 25 Betten, ÜF £F, ganzjährig

B&B Northwood Cottage, Sallochy, by Rowardennan, Balmaha, G63 0AW, ☏ 0 13 60/87 04 11, ÜF £D-E, ganzjährig, 🚗. Das Cottage liegt bei Sallochy von Balmaha kommend noch vor dem Ross Wood.

♦ Blairvockie Farm, Rowardennan, Balmaha, G63 0AW, ☏ 0 13 60/87 02 42, ÜF £D, ganzjährig, 🚗. Das Cottage liegt nur wenig abseits vom Wanderweg an der Straße zwischen Rowardennan und Balmaha etwas nordöstlich vom Ross Wood. Die Gastgeber, Vivian und Duncan Maxwell sind sehr gastfreundlich und hilfsbereit. Die Unterkunft gehört zu den besten entlang des Weges und ist absolut empfehlenswert.

Jugendherberge von Rowardennan am Loch Lomond (he)

- Rowardennan Lodge Youth Hostel, by Drymen, Glasgow, G63 0AR, ☏ 0 13 60/87 02 59, 💻 www.syha.org.uk, Anfang März bis Ende Oktober, 3 Sterne. Die Jugendherberge gehört zu den schönsten in Schottland. Sie liegt romantisch in einem ehemaligen Jagdschloss direkt am Ufer von Loch Lomond.

4. Etappe: Balmaha - Rowardennan

▲ Ca. 300 m nördlich der JH besteht an einem Bach die Möglichkeit, für eine Nacht sein Zelt aufzuschlagen. Der Platz ist mit einem Hinweisschild gekennzeichnet.

🛒 Kleiner Laden in der Jugendherberge

⛴ Nach Inverbeg auf der gegenüberliegenden Seite des Sees. Die Fähre verkehrt von Ostern bis Ende September. Telefonische Auskunft unter
☎ 0 13 60/8 72 73, in der JH oder im Rowardennan Hotel. In Inverbeg gibt es Unterkunftsmöglichkeiten, u.a. in einem Hotel.

🛏 Inverbeg Inn, Mr. Andrew Scott, Inverbeg, Loch Lomond G83 8PD,
☎ 0 14 36/86 06 78, 60 Betten, ÜF £E, 🛏 ganzjährig

Rowardennan besteht eigentlich nur aus dem Hotel, einigen Ferienhäusern, der etwas weiter nördlich gelegenen empfehlenswerten Jugendherberge und dem großen Parkplatz mit Fähranleger. Der Ort lockt viele Tagesausflügler an, die von hier aus ihre Touren, unter anderem auf den Ben Lomond, starten.

☺ Besonders lohnend ist ein Abstecher von Rowardennan auf den **Ben Lomond**. Der Berg ist mit 974 m Höhe der südlichste Munro und der meist bestiegene Gipfel Schottlands. Das hat zur Folge, dass Sie in der Regel weder auf dem Weg zum Gipfel noch auf ihm selbst allein sein werden. Leider finden sich auch an vielen Stellen Müllreste, die rücksichtslose Wanderer zurückgelassen haben. Offenbar waren sie zu geschwächt vom Anstieg, um

Blick vom Beinn Ime auf Ben Lomond (he)

ihre Essensreste und ihr Verpackungsmaterial wieder ins Tal zu transportieren. Der offizielle Weg auf den Gipfel beginnt am Parkplatz hinter dem Hotel. Von den vielen Wanderern ist der Pfad breit ausgetreten und auch ohne Kennzeichnung nicht zu verfehlen. Der Aufstieg erfolgt in etwa zwei bis drei Stunden. Bei gutem Wetter bietet der Aufstieg keinerlei Schwierigkeiten. Im Sommer ist der Untergrund allerdings oft sehr nass und rutschig, während er im Winter vereist ist. Das Wetter kann nahezu arktisch werden, was eine entsprechende Ausrüstung erfordert. Zu jeder Jahreszeit müssen Sie mit plötzlich aufkommendem Nebel rechnen, der die Orientierung erheblich erschwert oder gar unmöglich macht. Die Mitnahme eines Kompasses ist dringend anzuraten!

Vom Gipfel haben Sie einen wunderbaren Blick in die weite Umgebung. Faszinierend ist vor allem der Kontrast zwischen dem flachen bis hügeligen Gelände der Lowlands mit den darin eingebetteten Seen und Flüssen, die sich durch das Gelände schlängeln, und den Highlands mit ihren kahlen und rauen Bergen und Tälern.

Aufstieg zum Ben Lomond auf dem Jugendherbergspfad (ir)

☺ Ein weiterer Weg beginnt in der Nähe der Jugendherberge neben dem Bach am Ben Lomond Cottage. Er führt über den 731 m hohen vorgelagerten Ptarmigan. Der Weg ist etwas schwieriger und erfordert beim steilen, teils felsigen Endanstieg auf den Ben Lomond Trittsicherheit und Schwindelfreiheit. Beide Wege lassen sich zu einer wunderbaren Rundtour vereinigen.

5. Etappe: Rowardennan - Inversnaid

11,7 km, ca. 4½ Std.

Startpunkt zur fünften Etappe ist der Parkplatz am Ende der Straße, der in Richtung Norden verlassen wird. Schon bald erscheint auf der linken Seite die herrlich am See gelegene, an ein Schloss erinnernde Jugendherberge von Rowardennan (Näheres ☞ Etappe 4, Rowardennan, Infoblock).

Etwa 1,5 km weiter zweigt nach links der Fahrweg zur **Ptarmigan Lodge** ab. Nach weiteren 300 m verzweigt sich der West Highland Way selbst. Die Hauptroute führt etwas erhöht am Hang auf einem guten Forstweg und bietet schöne Ausblicke. Die Alternativstrecke verläuft nahe am Ufer auf einem schmalen Pfad. Sie liegt z.T. steil über dem See und hat einige Stellen, an denen Sie über kleinere Felsen am Wasserrand klettern müssen.

Besonders nach Regenfällen ist der untere Weg aber nicht ganz ungefährlich. Kleinere Erdrutsche können den Weg versperren und glitschige Felsen und matschiger Untergrund haben schon für so manchen Ausrutscher gesorgt, der im schlimmsten Fall mit einem unfreiwilligen Bad im See endet. Mit schwerem Rucksack und Wanderausrüstung ist dies eine mehr als unangenehme Unterbrechung der Tour.

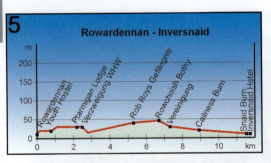

An der Abzweigung, die im Gelände nur sehr schwer zu sehen ist, führt der Uferweg über einige Stufen zum See und dort weiter Richtung Norden immer nahe am Ufer. Nach fast 3 km kommen Sie an ein größeres Felsengebilde, das als **Rob Roys Gefängnis** angesehen wird. Hier soll er angeblich seine Geiseln gefangen gehalten haben. Zweifel an dieser Geschichte sind aber erlaubt. Auf jeden Fall beginnt hier "sein Land", das sich bis zum Nordende des Sees erstreckt.

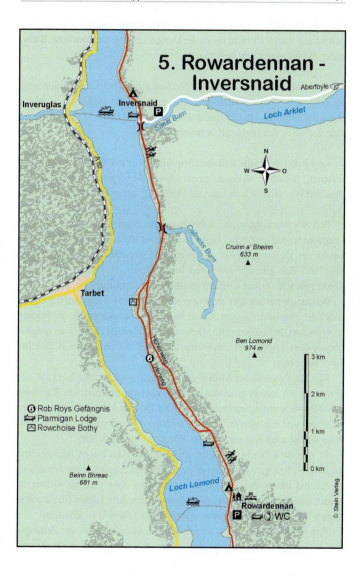

⌧ Hinter dem Gefängnis führt der Weg weiter entlang des Seeufers durch Laub- und Nadelwald bis zu der kleinen Schutzhütte **Rowchoise Bothy**, in der Sie gut eine Nacht verbringen können.

Die aus alten Steinen ehemaliger Siedlungshäuser aufgebaute Hütte steht als Zeichen für die Entvölkerung weiter Landstriche der Highlands. So lebten hier noch Mitte des 18. Jahrhunderts neun Familien. Heute ist der Ort wie so viele andere in den Highlands unbewohnt.

Kurz hinter der Hütte trifft die Uferroute wieder auf den höher gelegenen Forstweg, der etwas weiter an einem kleinen Wendeplatz endet. Der West Highland Way setzt sich als schmaler Pfad durch naturnahen Eichenwald fort.

Rob Roy MacGregor, der Robin Hood des Nordens, war eine schon zu Lebzeiten legendäre Person. Geboren wurde er 1671 in einer der führenden Sippen der MacGregors. Mit 30 Jahren hatte er es durch Viehraub, Erpressung und eine günstige Heirat zu bescheidenem Wohlstand und einiger Macht gebracht. Er war Chef des ganzen Clans MacGregor.

Bei seinem aus heutiger Sicht ungesetzlichen Treiben kam ihm der Ehrenkodex der Highlander zugute, der es nicht als verwerflich ansah, die Reichen zu erpressen und zu bestehlen. Diese Geschäfte galten vielmehr als ausgleichende Gerechtigkeit und wurden von allen Highlandern so oder in ähnlicher Form betrieben.

Rob Roys eigentlicher Mythos entstand erst ab dem Jahre 1711, als ein Vertrauter mit seinem gesamten Vermögen verschwand und Rob Roy seine Schulden nicht mehr bezahlen konnte. Der Duke of Montrose, sein größter Gläubiger und einstiger Verbündeter, trieb ihn in den Bankrott, zerstörte sein Haus und vertrieb Frau und Familie. Rob Roy wurde geächtet.

Er zog daraufhin in die Berge und begann einen langen Rachefeldzug gegen den Herzog. 1716 nahm er einen Bevollmächtigten seines Feindes als Geisel und steckte ihn, so wird vermutet, in das oben genannte Gefängnis. Leider war der Herzog nicht willens, seinen Bevollmächtigten freizukaufen, sodass Rob Roy ihn laufen lassen musste, ohne Lösegeld zu kassieren.

Rob Roy nahm auf Seiten der Jakobiten an Kämpfen gegen die Anhänger des englischen Königs Georg I. teil, wurde als Hochverräter gebrandmarkt und insgesamt dreimal ins Gefängnis gesteckt, konnte aber jedes Mal wieder entkommen. Seit 1718 wurde er offenbar nicht mehr verfolgt und 1725 auf Betreiben von General Wade begnadigt. Bis zu seinem natürlichen Tode am 28. Dezember 1734 führte er ein ruhiges Leben.

Seine Söhne führten dann die Aktivitäten fort. Nachdem Robin Oig 1750 eine reiche Witwe entführte und dann hastig heiratete, wurde er vier Jahre lang von der Ordnungsmacht verfolgt und schließlich am Galgen hingerichtet. Dieser Tod bedeutete das Ende der "Karriere" der MacGregors, die schon lange vor der Zeit von Rob Roy begonnen hatte.

In diesem Abschnitt ist die Chance besonders groß, einige der hier wild lebenden **Ziegen**, die kaum Scheu zeigen, zu entdecken. Bevor Sie die Tiere sehen, können Sie sie bereits weit vorher an ihrem charakteristischen, strengen Geruch wahrnehmen.

Am **Cailness Burn** endet der Queen Elizabeth Forest Park. Normalerweise plätschert der Bach eher müde dahin wie ein kleines Rinnsal. Zur Zeit der Schneeschmelze oder nach ergiebigen Regenfällen kann er aber zu einem tosenden Fluss werden. Mehrmals wurde die Brücke durch die Wassermassen fortgerissen. Ein Gedenkstein erinnert an den Tod eines Mannes, der bei dem geglückten Versuch, einen anderen zu retten, selbst vom Wasser fortgespült wurde und ertrank.

Besonders nach Regenfällen kann der Weg die letzten Kilometer vor Inversnaid sehr rutschig sein. Besonders mit schwerem Gepäck können dann manche Abschnitte nicht ganz einfach zu passieren sein.

Der West Highland Way führt über die Brücke auf einem schmalen, aber recht gut zu begehenden Pfad durch schönes Waldland. Dieser Teil des Waldes ist wegen seiner großen Anzahl von verschiedenen Brutvogelarten bei Ornithologen sehr beliebt.

Kurz vor Inversnaid kreuzt der Weg den **Snaid Burn**. Eine Fußgängerbrücke führt mitten zwischen verschiedenen Kaskaden eines spektakulären Wasserfalls hindurch. Und dann stehen Sie plötzlich und eigentlich völlig unerwartet wieder in der Zivilisation.

Wasserfall bei Inversnaid (ir)

Eben wanderten Sie noch in nahezu unberührter Natur und hatten den Mythos Rob Roy im Kopf, und nun stehen Sie vor einem Parkplatz und dem großen viktorianischen Hotel von **Inversnaid** und werden abrupt in die Wirklichkeit gerissen.

Inversnaid

Inversnaid Hotel, Inversnaid, Stirlingshire FK8 3TU, ☎ 0 18 77/38 62 23, FAX 0 18 77/38 63 05, 130 Betten, ÜF £ D/E, 🍴 März bis Januar. Das Hotel hat für Wanderer einen eigenen Eingang.

Inversnaid Bunkhouse, Inversnaid, FK8 3TU, ☎ 0 18 77/38 62 49, 💻 www.inversnaid.com, Ü £B, 🚗. Nur etwa 800 m vom Wanderweg entfernt in einer ehemaligen, aus dem 19. Jahrhundert stammenden Kirche. Im Obergeschoss befindet sich das gemütliche Top Bunk Bistro, wo man preiswertes Frühstück und sehr schmackhaftes Dinner (frisch zubereitet und liebevoll angerichtet) erhält und abends bei Bier und Whisky den Tag in geselliger Runde beschließen kann. ⚠ Neben der Kirche ist Platz für vier Zelte. Camper können die sanitären Anlagen des Bunkhouses nutzen.

 Etwa 500 m nördlich vom Hotel besteht an einer Bootshütte eine Zeltmöglichkeit für eine Nacht.

🚌 Postbus nach Aberfoyle

⛴ Für die meisten Richtungen ist es günstiger, mit der Fähre über den See nach Inveruglas zu fahren und die Verbindungen dort zu nutzen. Die Fähre wird vom Hotel aus betrieben. Sie sollten sich allerdings nicht zu sehr darauf verlassen, dass sie immer verkehrt. Ich habe schon mehrfach erlebt, dass der Betrieb eingestellt wurde, sobald Wind aufkam und das Wasser etwas kabbelig wurde. Sie verkehrt mehrmals täglich in den Monaten März bis Dezember, genaue Informationen im Hotel.

Inversnaid besteht eigentlich nur aus dem Hotel, das im Sommer zahlreiche Tagesausflügler über die Straße von Aberfoyle anzieht.

6. Etappe: Inversnaid - Inverarnan

10,5 km, ca. 4½ Std.

✋ Der Teil von Inversnaid bis zum nördlichen Ende des Sees gilt als einer der schwierigsten Abschnitte des West Highland Ways.

Obwohl in der Zwischenzeit viel zu seiner Sicherheit unternommen worden ist, sollten Sie diesen Abschnitt nicht unterschätzen. Es gibt immer wieder felsige Abschnitte, und der schmale Pfad verläuft oft hoch über dem Wasser am zum Teil sehr steilen Ufer. Ein Fehltritt oder Ausrutscher auf dem bei feuchtem Wetter rutschigen Untergrund kann fatale Folgen haben.

Etwa 1 km vor **Doune Bothy** wird der Weg wieder einfacher. Hier verlässt er die Steilküste.

✋ Und noch ein Hinweis zur **Mitnahme von Hunden**: Nördlich des Flusses **Allt Rostan**, gut 3,5 km nördlich von Inversnaid bis nach **Crianlarich,** ist die Mitnahme von Hunden auf dem West Highland Way absolut verboten.

6. Etappe: Inversnaid - Inverarnan

Die 6. Etappe beginnt am Anleger unterhalb des Hotels in Inversnaid. Der Weg führt zunächst mehr oder weniger dicht am Wasser entlang des steil abfallenden Ostufers von Loch Lomond. Nach etwa 1,5 km können Sie etwas links unterhalb des Weges eine waagerechte Spalte in dem steil abfallenden Felsen der Hänge des **Sroin Uaidh** erkennen.

Über einen schmalen Pfad erreichen Sie hier nach wenigen Metern **Rob Roys Höhle**. Glücklicherweise wird mit weißer Beschriftung rechts neben dem Eingang der Höhle darauf hingewiesen, sonst wäre sie wohl nur schwer zu entdecken. Ob sich der Highlander hier wirklich verbarg, ist ungewiss. Bis hierher wird der Pfad von Tagesausflüglern stark begangen. Wenn Sie weiter Richtung Norden wandern, wird es wieder einsamer, und Sie sind mit Natur und Landschaft allein.

Durch dichten Laubwald gelangen Sie an das Flüsschen **Allt Rostan**. Von hier haben Sie einen schönen Ausblick auf die kleine, dicht bewaldete Insel **Island I Vow**. Die Insel beherbergt eine alte Ruine, von der nicht bekannt ist, woher sie stammt. Kurz hinter dem Flüsschen kommen Sie über eine Brücke an einem steilen Wasserfall vorbei. Wenige 100 m weiter gelangen Sie in eine offene Bucht am See mit einem zur Rast einladenden Kiesstrand. Ab hier wird der Weg wieder einfacher. Die Schwierigkeiten sind überwunden.

Der Weg führt jetzt durch Gelände, das früher einmal landwirtschaftlich genutzt wurde. Die Reste der dazugehörigen **Doune Farm**, die schon vor langer Zeit verlassen wurde, erreichen Sie nach gut 1 km.

◹ Eines der ehemaligen Farmgebäude wurde zu einer einfachen Schutzhütte ohne jegliches Inventar ausgebaut, der **Doune Bothy**. Sie steht jedem Wanderer offen, die Tür ist nicht verschlossen. Die Hütte besteht aus einem einzigen Raum mit einer großen Feuerstelle auf der einen Seite und einer

6. Etappe: Inversnaid - Inverarnan

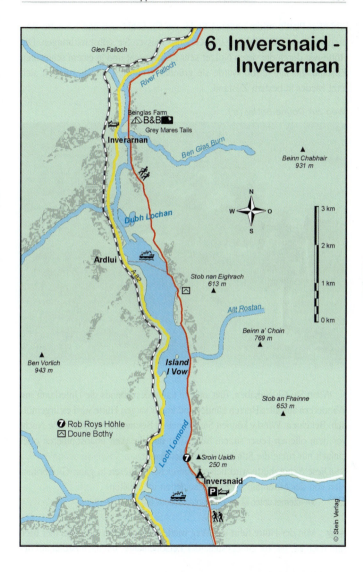

erhöhten Plattform am anderen Ende, wo Sie Schlafsack und Isomatte ausbreiten können. Verpflegung und Geschirr müssen Sie selbst mitbringen. Die Hütte war durch die vielen Nutzer sehr beansprucht und in einem schlechten Zustand. Im Jahr 2000 wurde sie gründlich renoviert und präsentiert sich jetzt wieder in bestem Zustand.

Weg zur Doune Bothy (ir)

Wenn Sie Glück haben, füllt sich im Laufe des Abends die Unterkunft mit Wanderern aus aller Herren Länder und in der kargen Hütte wird es urgemütlich. Bei einem Whisky können Sie mit neuen Bekannten bis spät in die Nacht vor dem offenen Feuer sitzen, über Gott und die Welt philosophieren oder einfach nur ruhig die Stimmung genießen.

Diese Schutzhütte wird neben zahlreichen weiteren in ganz Großbritannien von der Mountain Bothies Association unterhalten.

Im Internet unter 🖥 www.mountainbothies.org.uk

Von der Hütte führt der Weg wieder abwärts zum Ufer, das hier breit und flach ist, bis zur Anlegestelle der **Personenfähre**, die nach **Ardlui** auf der gegenüberliegenden Seite fährt. Bei dem Boot handelt es sich um eine Bedarfsfähre, die nur dann ihren Betrieb aufnimmt, wenn Personen übersetzen möchten. Stationiert ist sie auf der anderen Seite von Loch Lomond. Um auf sich aufmerksam zu machen, müssen Sie an einem Fahnenmast ein Signal hochziehen. Dann können Sie nur noch hoffen, dass das Zeichen auch gesehen wird und der Fährmann Sie abholt.

- ♦ Unter folgender Rufnummer können Sie sich anmelden und Termine absprechen ☏ 0 13 01/70 42 43. Die Fähre ist im April, September und Oktober von 9:00 bis 19:00 und von Mai bis August von 9:00 bis 20:00 in Betrieb.
- ☺ Es besteht auch die Möglichkeit, andere Anlegeplätze zu vereinbaren.

Ardlui (300 Einwohner)

- Ardlui Hotel, Ardlui, Dunbartonshire G83 7EB, ☏ 0 13 01/70 42 43, FAX 0 13 01/70 42 68, 🖥 www.ardluihotel.com, 25 Betten, ÜF £E, ganzjährig
- Zahlreiche Stellplätze auf dem zum Hotel gehörenden Ardlui Holiday Home Park, Ü £ 5
- ☞ Inverarnan
- Anschluss nach Glasgow im Süden und Fort William im Norden

Der West Highland Way führt nun weiter aufwärts oberhalb der bewirtschafteten **Ardleish Farm** vorbei über einen sumpfigen Pass entlang eines kleinen Sees, des **Dubh Lochan**.

Von der Höhe des Passes haben Sie einen wunderbaren Blick zurück auf das Nordende des Sees, der sich zwischen dem bewaldeten Ufer nach Süden hin ausbreitet. Deutlich können Sie Ben Lomond erkennen. Und im Norden sehen Sie hinter dem nächsten Tal, dem **Glen Falloch**, mächtige Berge aufragen (📷 nächste Seite).

Hinter dem Pass fällt der Weg zunächst ganz sacht und dann immer steiler ab ins Glen Falloch. Der gleichnamige Fluss mündet hier im Loch Lomond. Die Etappe endet an der Brücke über den **Ben Glas Burn**.

☺ Der Fluss **Ben Glas Burn** bildet etwas oberhalb der Brücke eine Reihe von spektakulären Wasserfällen, die unter dem Namen **Grey Mares Tails** bekannt sind. Auf einer kurzen Strecke stürzt der Fluss über mehrere Stufen über 300 m in die Tiefe. Dies ist vor allem nach Regentagen oder während der Schneeschmelze ein beeindruckendes Schauspiel.

Blick vom Pass an der Ardleish Farm (ir)

Vom West Highland Way selbst können Sie die Wasserfälle allerdings nicht sehen. Den besten Blick haben Sie, wenn Sie ein Stück des Weges auf dem kleinen Pfad Richtung A 82 gehen.

Inverarnan

Inverarnan Drovers Inn, by Ardlui, Arrochar, Dunbartonshire G83 7EB, ☎ 0 13 01/70 42 34, ÜF £C-D, 🖥 www.thedroversinn.co.uk, ganzjährig. Bei dieser Herberge gibt es ganz unterschiedliche Bewertungen von Lesern. Manche fühlen sich zwischen dem historischen Inventar der Gaststube, das teilweise vom Anfang des 19. Jahrhunderts stammt, wohl. Andere beklagen, dass wohl auch der Staub und Dreck aus dieser Zeit stammt. Der Zustand der Zimmer und der Einrichtung wird von vielen als desolat empfunden.

B&B Beinglas Farm, Mrs Palmer, Inverarnan, Ardlui G83 7DX,
☎ 0 13 01/70 42 81, 10 Betten, ÜF £D, 🛏 April bis Oktober, 🖼

Die Unterkunft liegt direkt an der Abzweigung vom West Highland Way zur Straße. Vermietet werden auch 4 Holzhütten. Die Unterkunft hat sich inzwischen zu einem stark frequentierten Übernachtungsplatz entwickelt, obwohl einige Wanderer über unfreundliches Personal klagten.

Holzhütten sind eine beliebte Unterkunft auf der Beinglas Farm (ir)

⛺ Auf der Beinglas Farm (s.o.) stehen etwa 100 Stellplätze auf einer Wiese für Zelte (ab ca. £ 5 pro Person und Nacht) zur Verfügung. Sehr gute und saubere sanitäre Einrichtungen, Waschmaschine und Wäschetrockner vorhanden.

🛒 Kleiner, gut sortierter Laden auf der Beinglas Farm, 🕗 8:00 bis 10:00 und 12:00 bis 20:00

🚌 Busverbindung Richtung Norden über Crianlarich nach Fort William und Richtung Süden entlang des Westufers von Loch Lomond nach Glasgow.

Inverarnan ist ein winziger Ort mit einem Hotel und nur wenigen Häusern. Er ist vom Etappenziel etwa 500 m entfernt. Sie gehen zunächst auf dem kleinen Pfad Richtung A 82 und wenden sich dort nach Süden, wo Sie bald schon die Häuser sehen.

↩ Das Hotel kann auf eine lange Geschichte zurückblicken. Seinen Ursprung hat es als Herberge für Viehtreiber, die hier auf ihren Trecks Verpflegung und Unterkunft fanden. Bei Bergsteigern und Wanderern ist es wegen der gemütlichen Ausstattung und guten Verpflegung sehr beliebt, deshalb ist eine rechtzeitige Buchung zu allen Jahreszeiten anzuraten (☞ Infoblock).

Auch wenn Sie hier nicht übernachten wollen, lohnt sich ein Blick in die gemütliche, mit historischem Inventar ausgestattete Gaststube. Am offenen Kamin können Sie ein Gläschen Guinness trinken und sich auf den noch vor einem liegenden Weg freuen.

Die Täler der Highlands

Die Etappen 7 bis 10 führen durch verschiedene Täler der Highlands bis an den Rand vom Rannoch Moor. Die Wanderung verläuft zum größten Teil auf gut zu begehenden ehemaligen Militärstraßen.

Der erste Teil dieses Abschnitts, der Weg entlang des River Falloch auf der 7. Etappe, gehört mit zu den schönsten Teilen des West Highland Ways. Besonders nach Regenfällen, wenn der River Falloch viel Wasser führt, bahnt er sich tosend über viele kleine Wasserfälle und Kaskaden seinen Weg in den Loch Lomond. Der Wanderweg führt meist dicht am Ufer des Flusses entlang, sodass Sie von seiner gewaltigen Kraft beeindruckt werden.

7. Etappe: Inverarnan - Crianlarich

10,5 km, ca. 3½ Std.

Sie verlassen die Brücke über den Ben Glas Burn hinter der Beinglas Farm nordwärts. Nach knapp 1 km ändert sich die Richtung des **River Falloch** und damit auch die des West Highland Ways. Er verläuft jetzt nach Nordosten lange Zeit entlang des Flusses.

Bis der West Highland Way ihn bei **Carmyle Cottage** wieder verlässt, bietet er dem Wanderer ein grandioses Schauspiel. Auf der gesamten Strecke fließt er immer wieder über breite Wasserfälle, strömt um Felsnasen herum oder stürzt tosend von Felsklippen. Besonders beeindruckend ist der Fluss natürlich, wenn er Hochwasser führt.

7. Etappe: Inverarnan - Crianlarich

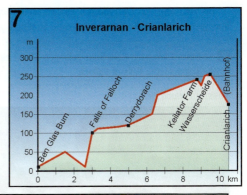

Der Weg verläuft stetig aufwärts, abwechselnd durch offenes Gelände und Laubwälder aus Birken, Erlen und Eichen, immer in Ufernähe. Nach Regen ist die Strecke stellenweise sehr aufgeweicht und matschig.

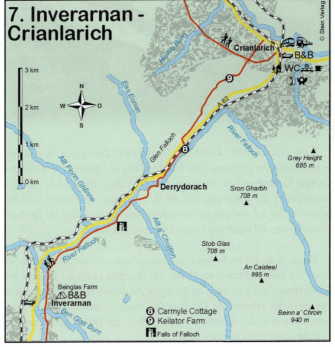

Bis zur Farm von Derrydorach gibt es keine Möglichkeit, den Fluss zu überqueren und auf die dahinter liegende Straße zu gelangen.

📷 Etwa 3 km nach dem Start gelangen Sie an eindrucksvolle Wasserfälle, die sogenannten **Falls of Falloch**.

Falls of Falloch (ir)

Nach weiteren 3 km, kurz hinter **Derrydorach,** überqueren Sie den Falloch und wandern jetzt etwa 1 km zwischen Fluss und Bahnlinie. In Höhe des **Carmyle Cottage** müssen Sie durch eine für Vieh gedachte, sehr niedrige Unterführung die Bahntrasse und die A 82 kreuzen und weiter aufwärts gehen, bis Sie auf eine alte Militärstraße treffen, die Ende des 18. Jahrhunderts von General Wade und seinen Leuten gebaut wurde.

Dieser Weg, der nach Regen stellenweise unter Wasser steht, führt Sie hinter der **Keilator Farm** in ein kleines Tal. Hier geht es wieder aufwärts, bis Sie an einen Zaun mit einem Tor gelangen. An diesem Punkt haben Sie eine Wasserscheide erreicht. Bis hier floss das Wasser in den Falloch und über Loch Lomond in den Atlantik. Von nun an fließt das Wasser in den Tay, der es dann weiter in die Nordsee führt.

Kurz hinter dem Zaun verzweigt sich der Wanderweg. Rechts führt er weiter nach **Crianlarich**, das Sie nach etwa 1 km direkt am Bahnhof und der Jugendherberge erreichen. Hier sind Sie am Ziel der 7. Etappe angekommen.

Weiter geradeaus kommen Sie ebenfalls nach 1 km an die A 82 im Nordwesten des Ortes. Wer nicht in den Ort wandern möchte, sondern die nächste Etappe gleich in Angriff nehmen will, der kann an der Gabelung links Richtung **Tyndrum** weiterwandern.

Crianlarich B&B 🏠 ⚠ WC 🚿 🍽 ☎ 🛒

- Ben More Lodge Hotel, Crianlarich, FK20 8QS, ☎ 0 18 38/30 02 10, 🖥 www.ben-more.co.uk, 22 Betten, ÜF £D, 🔓 ganzjährig, 🚗. Möglichkeiten zum Trocknen von Wäsche. Die Lodge liegt etwa 3 km östlich Crianlarich an der A 85. 🏠 Darüber hinaus bietet das Hotel für bis zu 6 Personen Schlafmöglichkeit in einem angeschlossenen Bunkhouse, ÜF £C.

♦ Crianlarich Hotel, Crianlarich, FK20 8RW, ☎ 0 18 38/30 02 72, 🖥 www.crianlarich-hotel.co.uk, ÜF ab £E, 🔓 ganzjährig. Das Hotel liegt knapp 100 m vom Bahnhof entfernt.

♦ West Highland Lodge, Paul & Jen Lilly, Crianlarich, FK20 8RU, ☎ 0 18 38/30 02 83, 🖥 www.westhighlandlodge.com, ÜF £D, 🔓 ganzjährig, 🚗. Die Unterkunft liegt nahe am Wanderweg an der A82 etwa 1,5 km nördlich von Crianlarich. Vom West Highland Way führt ein mit orangenen Bändern markierter Pfad (der nach Regenfällen sehr morastig sein kann) durch eine Schneise direkt zur Unterkunft.

♦ Craigbank Guest House, Charles Urquhart, Main Street, Crianlarich, FK20 8QS, ☎ 0 18 38/30 02 79, 🖥 www.craigbankguesthouse.com, ÜF £C-D £B im Bunkroom, 🔓 ganzjährig, Möglichkeit zum Wäsche waschen und Trocknen, 🚗. Die von zahlreichen Wanderern empfohlene Unterkunft liegt an der A85 etwa 1 km östlich von der Kreuzung mit der A 82.

♦ Craigbank Guest House, Peter & Carole Flockhart, Crianlarich FK20 8QS, ☎ 01838/300279, Ü mit sehr reichhaltigem Frühstück £D, 🔓 ganzjährig, Die von zahlreichen Wanderern empfohlene Unterkunft liegt an der A 85 knapp 1 km östlich von der Kreuzung mit der A 82.

♦ Ewich Guest House, Debbie Ellett, Crianlarich FK20 8RU, ☎ 01838/300300, 🖥 www.ewich.co.uk, 9 Betten, ÜF £D, 🔓 ganzjährig, an der A 82 zwischen Crianlarich und Tyndrum, etwa 4 km von Crianlarich.

7. Etappe: Inverarnan - Crianlarich

B&B   B&B Riverside House Tigh-Na-Struith, Janice & Sandy Chisholm, Crianlarich, FK20 8RU, ☎ 0 18 38/30 02 35, 🖥 www.jansan.btinternet.co.uk, ÜF £C, ganzjährig, Trockenraum, 🚗.

Crianlarich Youth Hostel, Station Road, Crianlarich, FK20 8QN, ☎ 0 18 38/30 02 60, 🖥 www.crianlarichyouthhostel.org.uk, Anfang März bis Ende Oktober, 3 Sterne. Die Jugendherberge liegt direkt im Ort.

Glendochart Caravan Park, Glendochart, by Crianlarich, Perthshire FK20 8QT, ☎ 01567/820637, 100 Stellplätze, März bis Oktober. Der Platz liegt etwa 10 km östlich von Crianlarich an der A 85.

In Crianlarich teilt sich die von Glasgow kommende Bahnlinie in zwei Strecken auf, die zunächst noch bis Tyndrum parallel verlaufen. Die eine Linie führt über Tyndrum Lower Station weiter Richtung Westküste bis nach Oban und die andere über Tyndrum Upper Station, Bridge of Orchy, durch das Rannoch Moor bis nach Fort William.

Außerdem gibt es eine Busverbindung nach Glasgow und Fort William und einen Postbus, der ostwärts nach Killin, Callander und Stirling fährt.

BANK   im Shop

Crianlarich markiert ziemlich genau die Mitte des West Highland Ways. Erstaunlich ist die Fülle an Unterkunftsmöglichkeiten für diesen kleinen Ort mit seinen gerade 300 Einwohnern.

Dies liegt im Wesentlichen daran, dass Crianlarich schon seit langer Zeit für Bergwanderer und Bergsteiger eine Hochburg ist. Wegen der Fülle lohnenswerter Gipfel ringsum und der guten Verkehrsanbindung ist der Ort von Bergtouristen immer gut besucht. Daher überrascht der Mangel an Versorgungsmöglichkeiten: es gibt nur einen relativ kleinen Laden und nur einen Pub.

☺   Von Crianlarich aus sind ein gutes Dutzend Berge in einer Tageswanderung zu erreichen. Dazu gehört auch der bei Bergwanderern beliebte **Ben More** mit einer Höhe von 1.260 m.

Der Scottish Mountaineering Club gibt unter dem Titel "The Southern Highlands" eine Publikation heraus, in der die Berge dieser Region behandelt werden.

8. Etappe: Crianlarich - Tyndrum   10,5 km, ca. 3½ Std.

Der West Highland Way führt auf dieser Etappe durch das **Strath Fillan**. Er bietet keinerlei Schwierigkeiten.

Blick ins Strath Fillan (ir)

Die Forstverwaltung hat große Gebiete, insbesondere im ersten Teil des Weges, bis Sie den **River Fillan** zum ersten Mal überqueren, wieder aufgeforstet. Dies geschah in den meisten Abschnitten nach der Einweihung des Weitwanderweges, sodass er gut in den Wald integriert wurde. An schönen Aussichtspunkten wurden Schneisen eingeplant, sodass die Aussicht nicht von Bäumen versperrt wird.

Im zweiten Teil verläuft der Weg zuerst durch landwirtschaftlich genutzte Flächen und dann durch Brachland.

Die **Mitnahme von Hunden ist** auf dem Wegabschnitt von der A 82 zur Kirkton Farm, weiter zur Auchtertyre Farm und von dort wieder zurück zur A 82 **verboten**. Wanderer mit Hunden müssen hier die A 82 benutzen.

Der Startpunkt der Etappe ist am Bahnhof von Crianlarich. Sie gehen den bereits bekannten Pfad zurück, bis Sie nach etwa 1 km kurz vor dem Zaun wieder an die Abzweigung gelangen, wo Sie nun geradeaus weitergehen müssen. Der West Highland Way kreuzt dann die A 82 und führt über den **River Fillan** zur Brücke bis hin zur **Kirkton Farm**, einer Stelle, an der Sie einen schönen Blick auf die Berge um Crianlarich haben.

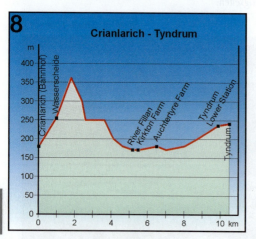

Der Weg führt links an den Farmgebäuden vorbei. Dort sehen Sie halb versteckt zwischen einer kleinen Baumgruppe die Überreste der **Kapelle des Heiligen Fillan**. Die heute sichtbaren Reste stammen allerdings nicht von einer Kapelle aus dieser frühen Zeit, sondern von einem Kloster aus dem 12. Jahrhundert. Die Kirkton Farm wurde zu großen Teilen aus den Steinen dieses Klosters erbaut.

Der **Heilige St. Fillan** kam im 8. Jahrhundert in diese Gegend und brachte die Bewohner zum christlichen Glauben. Seine missionarische Tätigkeit hinterließ viele Spuren in Mythen und romantischen Erzählungen.

Besonders bekannt sind die fünf Reliquien des Heiligen Fillan, die nach dem Tode des jeweiligen Besitzers an ausgewählte kirchliche Würdenträger weitergegeben wurden. Heute sind nur noch zwei davon erhalten. Beide sind im National Museum of Antiquities in Edinburgh ausgestellt.

Bei dem einen Stück handelt es sich um einen Teil des Bischofsstabs des Heiligen, eine wertvolle Silberarbeit. Die andere Reliquie ist seine Glocke, die in einem mysteriösen Ritual zur Heilung von Kranken benutzt wurde.

8. Etappe: Crianlarich - Tyndrum

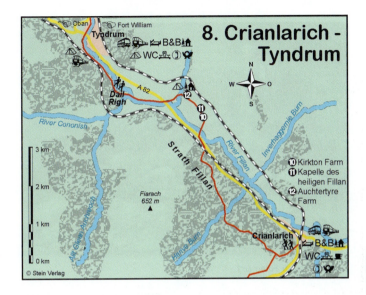

Der West Highland Way führt nun weiter zur **Auchtertyre Farm**, die ebenso wie die Kirkton Farm eine staatliche landwirtschaftliche Versuchsanstalt ist.

🏠 Strathfillan Wigwams, Auchtertyre Farm, Tyndrum FK20 8RU,
☎ 0 18 38/40 02 51, 16 Wigwams mit Strom und Heizung, ÜF £C,
ganzjährig, 🚗

⛺ 25 Stellplätze an der o.g. Farm

🚻 Auf der Farm gibt es einen kleinen Laden, "The Trading Post", der für Gourmets Köstlichkeiten aus aller Welt bietet, wie z.B. mit Schokolade überzogene, gefriergetrocknete Erdbeeren, Wildsalami oder Straußensteaks. Aber auch der einfache Wanderer findet hier die wichtigsten Dinge, die er benötigt.

Hinter der Farm wendet sich der Weg wieder der A 82 zu, kreuzt diese und folgt dem Verlauf des Fillan bis zur Einmündung des **Crom Allt**. Der Fillan schwenkt nun westlich ab und heißt ab hier **River Cononish**.

Sie überqueren den Crom Allt und gelangen in ein Gelände, das heute als **Dail Righ** (Königsfeld) bezeichnet wird.

Weg im Strath Fillan (ir)

Hier hat Robert the Bruce (1274-1329), der von 1306 bis zu seinem Tode schottischer König war und als einer der bedeutendsten Herrscher Schottlands gilt, in einer Schlacht gegen die MacDougalls of Lorne eine bittere Niederlage einstecken müssen.

Bis Tyndrum verläuft der West Highland Way jetzt mehr oder weniger dicht entlang des Crom Allt.

Kurz vor dem Ende der Etappe kommen Sie am **Bahnhof Tyndrum Lower Station** vorbei. Das Ziel haben Sie an der Kreuzung mit der A 82 im Zentrum von **Tyndrum** erreicht.

Tyndrum

- Tourist Information Centre, Main Street, Tyndrum, FK20 8RZ, ☎ 0 18 38/40 02 46, März bis Oktober.
- Tyndrum Lodge Hotel, Tyndrum FK20 8RY, ☎ 0 18 38/40 02 19, www.glhotels.co.uk, 19 Zimmer, ÜF £D, ganzjährig, Das ehemalige Inver-

8. Etappe: Crianlarich - Tyndrum

vey Hotel hat jetzt Namen und Besitzer gewechselt. Nach wie vor ist es bei Wanderern sehr beliebt. Das Frühstücksbuffet ist vom Feinsten, Dinner und Lunch lassen nichts zu wünschen übrig. Das Hotel verfügt über einen Trockenraum.

- ♦ Dalkell Cottages Guest House, Angel & Chris Slater, Lower Station Road, Tyndrum FK20 8RY, ☏ 0 18 38/40 02 85, 🖳 www.dalkell.com, 15 Betten, ÜF £D, 🛏 ganzjährig, 🚗, Trockenraum vorhanden. Darüber hinaus stehen 4 preiswerte Schlafplätze in einem Wohnwagen zur Verfügung.

B&B Glengarry House, Tyndrum FK20 8RY, ☏ 0 18 38/40 02 24, 🖳 www.glengarryhouse.com, 8 Betten, ÜF £C, im Winter Sonderpreise, 🛏 ganzjährig, 🚗, für Nichtraucher, Möglichkeiten zum Trocknen von Wäsche vorhanden. Darüber hinaus wird eine Selbstversorger-Unterkunft für 4 Personen vermietet.

🏠 By the Way Hostel and Campsite, Lower Station Road, Tyndrum FK20 8RY, ☏ 0 18 38/40 03 33, 🖳 www.tyndrumbytheway.com, Ü ab £A in einfachen Schlafräumen, ÜF ab £B in einfachen Zweibett- oder Familienzimmern. Das Hostel verfügt über einen gemütlichen Gemeinschaftsraum und eine ausgezeichnet eingerichtete und saubere Küche.

⛺ Möglichkeiten zum Zelten am By the Way Hostel, pro Person £ 6 die Nacht

🛒♥ Brodies ist das letzte Geschäft auf dem West Highland Way vor Kinlochleven. Das Warenangebot ist groß und relativ preiswert. Im Laden ist eine Postagentur untergebracht. Auch an der nur wenig entfernten Tankstelle erhalten Sie zu vergleichbaren Preisen Lebensmittel und Backwaren. Im benachbarten Green Welly Stop finden Sie neben einem großen Selbstbedienungsrestaurant und einem Souvenirladen auch einen gut ausgestatteten Outdoor-Shop. Hier können Sie verschlissenes Equipment ersetzen oder vergessenes ergänzen.

🚆 Tyndrum liegt im Schnittpunkt dreier großer Täler, die die Hauptverbindungen von den Lowlands zu den Western Isles einerseits und zum Great Glen andererseits bilden. Die Bahnlinien, die bis hierher noch parallel verlaufen, teilen sich. Dies ist auch der Grund, warum ein so kleiner Ort über zwei Bahnhöfe verfügt. Von **Tyndrum Lower Station** geht es Richtung Westküste nach Oban. Vom auf der anderen Seite der A 82 liegenden Bahnhof **Tyndrum Upper Station** führt die Bahnlinie über Bridge of Orchy nach Fort William.

🚌 Wie in Crianlarich gibt es darüber hinaus noch eine Busverbindung nach Glasgow bzw. Fort William.

Tyndrum (200 Einwohner) ist ähnlich wie Crianlarich ein Zentrum für Bergwanderer und Kletterer, die hier einen idealen Ausgangspunkt für ihre Touren finden. Besonders an schönen Tagen im Sommer herrscht ein reges Treiben. Die Läden sind die letzten auf dem weiteren Weg bis Kinlochleven.

Tyndrum war im 18. und 19. Jahrhundert ein wichtiger Faktor im Viehhandel als Stützpunkt für die Viehtreiber und ihre Herden auf dem Weg nach Süden. Es gab Übernachtungsmöglichkeiten für Treiber und Vieh sowie eine Gaststätte. Hier konnten neue Kräfte getankt und Blessuren geheilt werden. Teilweise wurde das aus den Highlands nur weichen Moor- oder Heideboden gewöhnte Vieh sogar mit Eisen beschlagen, um die Hufe vor den harten, kiesigen Wegen der Lowlands zu schützen.

Neben diesem Dienstleistungszentrum gab es im Ort eine blühende **Erzindustrie**. 1741 wurde eine Bleimine eröffnet, die bis zu ihrer Schließung 100 Jahre später jährlich mehrere tausend Tonnen Erz förderte, u.a. auch geringe Mengen Silber. Spuren der mehr als 100 Jahre zurückliegenden Tätigkeit sind heute noch an den Hängen um Tyndrum zu erkennen. Neue geologische Untersuchungen haben Spuren von Gold und radioaktiven Materialien nachgewiesen. Daher gibt es Bestrebungen, die Minen erneut zu öffnen.

9. Etappe: Tyndrum - Bridge of Orchy

10,7 km, ca. 3 Std.

Der West Highland Way verläuft von Tyndrum bis Bridge of Orchy zum größten Teil auf einer alten Autostraße, die in den 20er Jahren durch eine neue Trasse, auf der heute die A 82 verläuft, ersetzt wurde. Die alte Straße war im Wesentlichen eine verbreiterte und ausgebesserte Militärstraße, die in den Jahren 1750 bis 1752 erbaut wurde.

Beherrscht wird diese Etappe von dem mächtigen **Beinn Dorain**, um dessen Südwestflanke der Weg im letzten Teil verläuft.

✋ Die Mitnahme von Hunden ist auf dem gesamten Streckenabschnitt verboten.

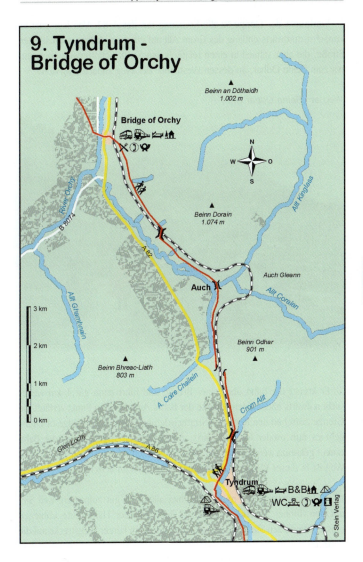

Startpunkt der Etappe ist die Kreuzung mit der A 82. Von hier geht es zunächst nordwärts entlang des Crom Allt auf einer am Anfang asphaltierten Straße, die aber schnell in einen relativ festen Sand-/Schotterweg übergeht, bis zum **Beinn Odhar**, an dessen Westflanke der Weg zunächst verläuft.

Weg am Beinn Odhar (ir)

Er kreuzt die Bahn über einer Brücke und führt dann gut 1 km weiter sacht aufwärts entlang der Ostseite der Bahn. Am höchsten Punkt verläuft die Grenze zwischen den Regionen Strathclyde und Central. Bis Bridge of Orchy geht es nun wieder leicht abwärts. Am Ende der Strecke muss die Bahn erneut gekreuzt werden, diesmal aber durch einen relativ kleinen Tunnel. Der Weg ist in dieser Richtung gut markiert und kaum zu verfehlen.

In Gegenrichtung müssen Sie hier allerdings gut aufpassen, weil Sie, um den Tunnel zu erreichen, scharf links von der Hauptroute abbiegen müssen. Verfehlen Sie die Stelle, gelangen Sie nach kurzer Wegstrecke auf die A 82.

Der West Highland Way verläuft zwischen Bahn und dem Fluss **Allt Coire Chailein**. Für eine gewisse Zeit verlässt die Bahn den Wanderweg, bleibt aber in Sichtweite. Sie beschreibt eine riesige hufeisenförmige Schleife in das Tal **Auch Gleann** hinein. Es ist ein imposantes Bild, wie sie sich im riesigen Bogen über viele Viadukte an die Flanken von Beinn Odhar, Beinn a' Chaistel und Beinn Dorain schmiegt.

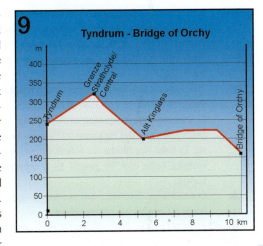

An der Zufahrt zur **Auch Farm** gelangen Sie an den Fluss **Allt Kinglass**, den Sie überqueren. Der West Highland Way verläuft dann weiter zwischen Beinn Dorain, an dessen Flanke die Bahnlinie verläuft, und dem Fluss, der sich gemächlich Richtung River Orchy schlängelt. Auf dem weiteren Weg werden noch viele kleinere Zuflüsse überquert und über eine Brücke nochmals die Bahnstrecke.

Am Ende der Strecke gelangen Sie an den **Bahnhof von Bridge of Orchy**, dann durch eine Unterführung unter der Bahn und über eine Asphaltstraße an die A 82 direkt gegenüber dem großen Hotel. Hier ist das Ziel der Etappe erreicht.

Bridge of Orchy

Bridge of Orchy Hotel, Mr. A. Robertson, Bridge of Orchy, Argyll PA36 4AD, ☎ 0 18 38/40 02 08, FAX 0 18 38/40 03 13, 🖳 www.bridgeoforchy.co.uk, 22 Betten, ÜF £D, 🍴 ganzjährig. Das Hotel ist bei Wanderern wohl auch wegen des ausgezeichneten Essens derzeit sehr beliebt und oft ausgebucht.

9. Etappe: Tyndrum - Bridge of Orchy

🏠 Dem Hotel ist ein Bunkhouse mit 52 Betten angeschlossen. Das Gebäude ist vor einigen Jahren total renoviert worden und inzwischen in einem sehr guten Zustand. Wäschetrockner vorhanden, aber kein Aufenthaltsraum und keine Kochmöglichkeit. Gäste des Bunkhouses können im Restaurant des Hotels essen, £B.

♦ West Highland Way Sleeper, Marion Casson & Keith Owens, Bridge of Orchy Station PA36 4AD, ☎ 0 18 55/40 05 48,
 💻 www.westhighlandwaysleeper.co.uk, 16 Betten, ÜF £A bis B, 🚫 im Winter geschlossen, 🚗. Das Bunkhouse mit Restaurant wurde erst Ende 2000 eröffnet. Es bietet Waschküche und Aufenthaltsraum. Ankommenden Gästen wird kostenlos Kaffee oder Tee gereicht. Es ist unbedingt ratsam, im Voraus zu buchen.

⛺ Übernachtungsmöglichkeit (keine sanitären Anlagen) in der Nähe des Hotels Bridge of Orchy, nähere Informationen dort

🚂🚌 Bridge of Orchy ist mit Bahn/Bus mit Glasgow und Fort William verbunden.

Bridge of Orchy (50 Einwohner) ist ein typischer Hochlandort, der wie andere auch nur aus einer Handvoll Häusern und einem großen Hotel besteht.

Heute lebt der Ort im Wesentlichen von Wanderern und durchreisenden Touristen.

Der Ort liegt in einer sehr regenreichen Region. Jährliche Niederschläge von 3.000 mm und mehr sind keine Seltenheit. Im Vergleich dazu hat z.B. Hamburg mit 600 bis 700 mm jährlicher Niederschlagsmenge schon fast Wüstenklima.

Im Zusammenhang mit der Eisenbahn erzählt man sich eine nette kleine Geschichte: Von hier Richtung Fort William durch das Rannoch Moor verläuft die Bahn über 37 km stetig bergan. Kurz vor dem höchsten Punkt soll vor mehreren Jahrzehnten die Kupplung des letzten Waggons gebrochen sein. Der eingeschlafene Bremser hatte angeblich von dem Malheur nichts bemerkt. Er ist erst wieder aufgewacht, als der Waggon nach fast 40 km hinter Bridge of Orchy endlich zum Stehen kam. Heute noch freuen sich die Bewohner der Umgebung, wenn sie an das verdutzte Gesicht des Eisenbahners beim Aufwachen denken.

9. Etappe: Tyndrum - Bridge of Orchy

In den Bridge of Orchy Hills

☺ Ein sehr lohnenswerter Abstecher ist eine Besteigung des 1.074 m hohen **Beinn Dorain**, für die Sie mindestens einen halben Tag einkalkulieren sollten. Bei gutem Wetter ist die Bergwanderung einfach, aber anstrengend. Es sind immerhin fast 900 Höhenmeter zu bewältigen.

Der Berg ist auch wegen seines Reichtums an Amphibien bekannt. Dies ist insofern ungewöhnlich, weil es in den Highlands nur ganz wenige Berge gibt, auf denen Amphibien vorkommen. Ein Grund mag sein, dass Beinn Dorain ein besonders feuchter Berg ist. Seine Flanken werden von sehr vielen Bächen und kleineren Flüssen durchzogen. Auf- und Abstieg erfolgen über die gleiche Route.

Sie starten am Parkplatz des Bahnhofs und gehen zunächst auf einem Pfad in Richtung des kleinen Flüsschens **Allt Coire an Dothaidh**, am Fluss dann entlang steil bergauf. Dabei passieren Sie einen sehenswerten Wasserfall.

Beinn Dorain (he)

Weiter geht es durch eine Schlucht, bis Sie an einen Pass gelangen, vor dessen Höhe Sie scharf rechts abbiegen müssen.

Der Weg zum Sattel zwischen Beinn Dorain und Beinn an Dothaid ist stellenweise stark erodiert (he)

Hier geht es weiter steil bergauf bis zu einem kleinen Bergsee. Sie behalten die Richtung bei und gelangen auf eine Höhe, die mit einem Steinhaufen markiert ist. Dies ist jedoch noch nicht der eigentliche Gipfel. Der liegt noch gut 300 m weiter und wird ebenfalls durch einen Steinhaufen markiert. Dort angelangt haben Sie eine großartige Aussicht und einen langen Aufstieg hinter sich.

10. Etappe: Bridge of Orchy - Victoria Bridge

5,1 km, ca. 2 Std.

Von Bridge of Orchy bis zur Victoria Bridge am Loch Tulla verläuft der West Highland Way auf der alten Militärstraße, die Mitte des 18. Jh.s gebaut wurde. Der Untergrund ist bei Regen stellenweise sehr aufgeweicht und matschig, insbesondere im ersten Teil bis auf den Gipfel des **Mam Carraigh**.

10. Etappe: Bridge of Orchy - Victoria Bridge

Der Weg verläuft zunächst auf der A 8005 westwärts über den Orchy. Kurz hinter dem Fluss, die Autostraße beschreibt eine scharfe Rechtskurve, führt der Weg aufwärts in einen Wald hinein und dann durch offenes Gelände auf einen Berg, den **Mam Carraigh**.

Obwohl dieser Gipfel nur eine Höhe von 325 m hat, bietet er doch einen der schönsten Ausblicke des gesamten West Highland Ways vorausgesetzt, die Sicht ist entsprechend. Den Westen und Norden beherrschen die **Black Mounts** mit ihren bizarren Granitgipfeln, Tälern und Schluchten. Hinter dem Loch Tulla sehen Sie auf die weite Fläche von **Rannoch Moor**.

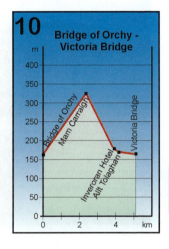

☺ Vom Gipfel führt ein guter Pfad auf den im Süden liegenden Berg **Ben Inverveigh**. Mit seiner Höhe von 636 m bietet er einen noch grandioseren Aussichtspunkt. Wenn Sie genügend Zeit

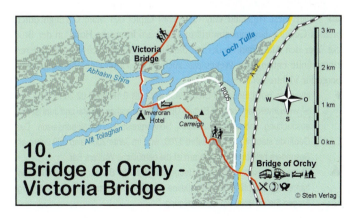

haben - für Auf- und Abstieg müssen Sie gut 2 Std. rechnen - und die Sicht entsprechend ist, sollten Sie sich diesen kleinen Abstecher nicht entgehen lassen.

Weg am Mam Carreigh mit Blick auf Loch Tulla (ir)

Der West Highland Way führt vom Gipfel des Mam Carraigh durch offenes Gelände langsam abwärts und trifft am **Inveroran Hotel** an der Brücke über den **Allt Orain** wieder auf die Autostraße. Ähnlich wie die anderen Unterkünfte entlang des Weges war auch dieses Hotel eine ehemalige Herberge für Viehtreiber.

- Inveroran Hotel, Bridge of Orchy PA36 4AQ, ☏ 0 18 38/40 02 20, 🖥 www.inveroran.com, 14 Betten, ÜF £E, 🗓 ganzjährig. Im Mai und Juni ist Vorausbuchung unbedingt anzuraten, Sonderpreise in der Nebensaison. Das Gebäude stammt aus dem Jahre 1708, wird im Jahre 2008 also 300 Jahre alt. Besonders beliebt bei Wanderern ist die gemütliche Walkers Bar.
- Etwas weiter Richtung Victoria Bridge stehen an der Brücke über den Allt Tolaghan einige Stellplätze für Zelte (keine sanitären Einrichtungen) zur Verfügung. Fragen Sie im Hotel um Genehmigung.

Etappenziel an der Victoria Bridge (ir)

Am Hotel vorbei geht es jetzt weiter entlang der Straße. Sie überqueren zunächst den **Allt Tolaghan** und gelangen dann nach knapp 1 km an die **Victoria Bridge**. Diese Brücke führt über den Fluss **Abhainn Shira**, der hier in einem großen Delta ins **Loch Tulla** mündet.

Die Brücke bildet den Endpunkt der Etappe. Sie ist nach Königin Victoria benannt, die hier zur Jagd weilte. Aus dieser Zeit stammt auch die Forest Lodge, eine typische Jagdhütte, die mitten in einem Gebiet mit einer großen Rothirschpopulation liegt.

Rannoch Moor
Die nächste Etappe führt entlang des riesigen Rannoch Moores, ein nasses Deckenmoor, das eigentlich eher typisch für die weiter nördlich liegenden North Western Highlands und die Hebriden ist.

11. Etappe: Victoria Bridge - Kingshouse Hotel

14,3 km, ca. 4½ Std.

✋ Die nächsten gut 10 km verläuft die Etappe völlig ungeschützt am Westrand von Rannoch Moor. Bei gutem Wetter ist der Abschnitt wenig mehr als eine einfache Wanderung auf einem guten Weg. Bei Regen und Sturm kann diese Etappe aber recht unangenehm werden. Viele Wanderer sind der Meinung, dass dieser Abschnitt der schwierigste des gesamten West Highland Ways ist. Und es sei nochmals daran erinnert, dass dieses Gebiet jährliche Niederschläge von mehr als 3.000 mm aufweist. Auf der gesamten Strecke bis Blackrock Cottage gibt es keine Schutzhütten oder Häuser. Auch ein Ausweichen durch das Moor zur weit entfernten Straße im Osten ist nicht möglich.

☺ Für den erfahrenen Bergwanderer gibt es eine interessante **Alternativroute** über die zwei großen Berge **Stob Ghabhar** (1.087 m) und **Clach Leathad** (1.098 m). Bei einer Länge von 20 km sind etwa 1.400 Höhenmeter zu bewältigen. Sie trifft bei Blackrock Cottage wieder auf den West Highland Way.

📖 Vom Scottish Mountaineering Club ist der Weg im Führer "The Central Highlands" beschrieben.

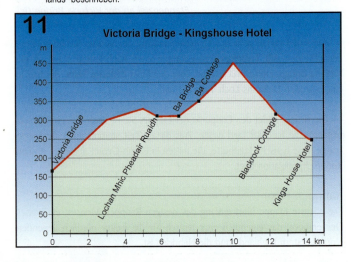

11. Etappe: Victoria Bridge - Kingshouse Hotel

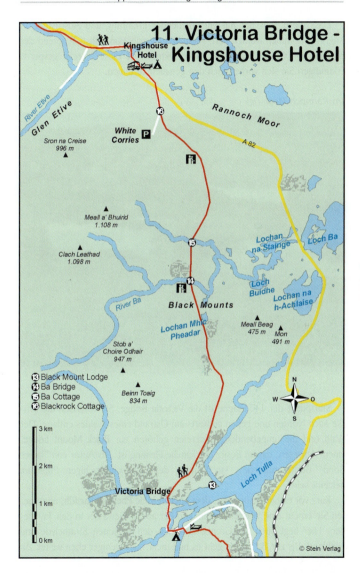

Dass diese Tour nur mit entsprechender Erfahrung und Ausrüstung in Angriff genommen werden darf, versteht sich wohl von selbst. Während der Jagdzeit von Mitte August bis Mitte Oktober ist diese Strecke gesperrt. Erkundigen Sie sich vorher nach den genauen Terminen.

Im Rannoch Moor (ir)

Startpunkt der 11. Etappe ist die Victoria Bridge. Sie verlassen die Brücke nach Norden und gehen aufwärts am Ostrand eines Waldes entlang. Der Wald und die umgebenden Ländereien gehören zur **Black Mount Lodge**, einem Anwesen, das im Besitz der Familie Fleming ist. Als Autor von "James Bond" dürfte zumindest Ian Fleming dem deutschsprachigen Publikum bekannt sein.

Kurz vor einem kleinen See, dem **Lochan Mhic Pheadair Ruaidh**, überqueren Sie erneut eine Wasserscheide, von der ab die Gewässer in den Tay fließen. Hier liegt auch die Grenze zwischen den Regionen Strathclyde und Highland. Bis zur **Ba Bridge** geht es nun mehr oder weniger eben weiter. An der Brücke über den gleichnamigen Fluss haben Sie schon mehr als die Hälfte Ihrer Tour am Rande des großen Moores hinter sich gebracht.

🄵 Bei gutem Wetter ist dieser Platz ein herrlicher Aussichtspunkt. Im Osten blicken Sie auf das mit größeren und kleineren Gewässern übersäte Rannoch Moor, und im Westen sehen Sie auf mächtige, zerklüftete Berge, durch die sich Flüsse in tiefen Schluchten ihren Weg gebahnt haben.

Auf trockenerem Untergrund wächst Heide, die im Sommer der ganzen Gegend einen violetten Farbton verleiht. An den feuchten und nassen Stellen wachsen typische Sumpfpflanzen wie Gagelstrauch, Wollgras und verschiedene Orchideenarten. Rothirsche sind hier die auffälligsten Wildtiere. Im Herbst erschallt die ganze Gegend von ihren Brunftrufen.

Von Ba Bridge führt der West Highland Way nun wieder stetig bergauf. Sie kommen an den Ruinen von **Ba Cottage** vorbei und überqueren zahllose kleine Flüsse und Bäche. Der Weg führt hinauf bis in eine Höhe von 450 m. Sie sind damit fast 300 m höher als am Ausgangspunkt dieser Etappe bei Victoria Bridge.

Gedenkstein für Peter Fleming (ir)

🄵 Gut sichtbar in der Nähe befindet sich ein Gedenkstein, der zu Ehren von Peter Fleming, dem Bruder des "James Bond Erfinders" aufgestellt wurde, der hier im Jahre 1971 während einer Wanderung an einem Herzanfall starb. Von hier haben Sie einen besonders guten Überblick über das menschenleere Moor.

Der Weg führt nun abwärts und bald können Sie die Liftanlagen des Skigebiets um **White Corries** erkennen. Obwohl der erste Lift hier bereits Mitte der 50er Jahre gebaut wurde, entwickelte sich das Gebiet nie zu einem großen Skizentrum. Unterkunftsmöglichkeiten fehlen fast völlig, sodass es im Winter vor allem von Tagesgästen und Wochenendausflüglern genutzt wird.

White Corries mit Blick auf Stob Dearg (ir)

Gegenüber der **Blackrock Cottage**, einer Hütte des Ladies Scottish Climbing Clubs, erreicht der West Highland Way die Straße, die links weiter zum Parkplatz bei den Liftanlagen führt. Der Wanderweg führt rechts weiter, kreuzt die A 82 und gelangt kurz darauf an das Etappenziel **Kingshouse Hotel**, von wo aus Sie bereits in das Glen Coe und auf die umliegenden Berge schauen können (📷 Seiten 136-137).

✋ Wenn Sie Kingshouse Hotel als Etappenziel zum Übernachten ausgewählt haben, sollten Sie wegen des begrenzten Bettenangebots unbedingt im Voraus reservieren. Die nächsten Übernachtungsmöglichkeiten finden Sie erst wieder in Kinlochleven oder in etwa 20 km am Westende vom Glen Coe in Glencoe Village und Ballachulish.

Kingshouse Hotel

- Kingshouse Hotel, Glencoe, Argyll PH49 4HY, ☎ 0 18 55/85 12 59, FAX 0 18 55/85 12 59, 33 Betten, ÜF £D bis E, ganzjährig, . Nachdem das Hotel wegen seines schlechten Preis-Leistungs-Verhältnisses lange Zeit in der Kritik stand, gibt es inzwischen nur noch gute Kritiken. Sowohl Ausstattung als auch Zustand der Zimmer sind gut, ebenfalls die Mahlzeiten. Besonders die Climbers Bar wird von Wanderern gern besucht.

- Hinter dem Hotel können Sie direkt am Bach Ihr Zelt aufschlagen. Es sind aber keine sanitären Einrichtungen vorhanden und die Hotelanlagen dürfen nicht benutzt werden. Im Hotel ist aber **vor** dem Zeltaufbau unbedingt um Erlaubnis zu fragen.

- Über die A 82 verläuft die Buslinie Glasgow-Fort William.

Wie auch die vorhergehenden größeren Hotels am West Highland Way hat Kingshouse Hotel eine lange Tradition. Die Herberge ist schon mehr als 200 Jahre alt. Sie diente ebenfalls als Übernachtungsstätte für Treiber und ihr Vieh. Damals benötigten die Viehherden genau einen Tag von hier bis zur nächsten Unterkunftsmöglichkeit in Inveroran. Ende des 18. Jahrhunderts soll das Hotel auch noch eine gewisse Rolle beim Schmuggeln von Salz, das mit hohen Steuern belegt war, gespielt haben. Das illegale Geschäft war so einträglich, dass sich der Wirt nach wenigen Jahren eine Farm kaufen konnte, auf der er dann - als einer der ersten Aussteiger - ganz zurückgezogen lebte.

☺ In Richtung Fort William gelangen Sie nach knapp 20 km in die Orte Glencoe Village und Ballachulish mit einer größeren Zahl von Geschäften und Unterkunftsmöglichkeiten sowie einem Besucherzentrum vom National Trust, das über die Natur und Landschaft sowie die Geschichte des Tales Glencoe informiert. Ein Besuch des Tales lohnt sich auch wegen der faszinierenden Landschaft. Glencoe gehört zu den schönsten und spektakulärsten Tälern, die Schottland zu bieten hat.

- Glencoe Youth Hostel, Glencoe, Ballachulish, PH49 4HX, ☎ 0 18 55/81 12 19, 🖳 www. syha.org.uk, 7 Anfang März bis Ende Oktober, 3 Sterne

♦ Glencoe Independent Hostel, Glencoe, Ballachulish, PH49 4HX, ☎ 0 18 55/81 19 06, 🖳 www. glencoehostel.co.uk, ganzjährig, £A-B

B&B An Darag, Upper Carnoch, Glencoe PH49 4HU, ☎ 0 18 55/81 16 43, 6 Betten, ÜF £D, ganzjährig. Die Unterkunft liegt im kleinen Ort Glencoe.

Stob Dearg thront am Eingang vom Glen Coe (he)

🏛 Glencoe Visitor Centre, Glencoe, Ballachulish PA39 4HX, ☏ 0 18 55/81 13 07, 💻 www.glencoe-nts.org.uk 🗓 März täglich von 10:00 bis 16:00, September und Oktober täglich von 10:00 bis 17:00, April bis Ende August täglich von 9:30 bis 17:30, November bis Ende Februar Do bis So von 10:00 bis 16:00

Kingshouse Hotel (he)

☺ Von Kingshouse Hotel führt ein interessanter Fußweg durch das Rannoch Moor über 20 km bis zum Bahnhof Rannoch Station. Auf diesem Weg können Sie ein Stück in das Moor eindringen.

Wer den ganzen Weg wandern will, kann von Rannoch Station mit der Bahn Richtung Norden nach Fort William fahren oder über Bridge of Orchy Richtung Glasgow. Schwierig wird es, wenn Sie abends wieder im Kingshouse Hotel sein möchten. Entweder gehen Sie auch den Rückweg zu Fuß, das sind dann immerhin 40 km, oder Sie fahren mit der Bahn von Rannoch Station bis Bridge of Orchy und von dort mit dem Bus weiter bis Kingshouse Hotel. Erkundigen Sie sich aber vorher unbedingt nach den Verbindungen. Züge und Busse fahren selten, zum Teil nur ein- oder zweimal am Tag.

Glen Coe

Die Etappe führt zunächst bis zum Taleingang von Glen Coe, dann über einen hohen Pass bis zum höchsten Punkt des gesamten West Highland Ways und anschließend wieder auf Meereshöhe bei Kinlochleven. Der Aufstieg zum Pass erfordert etwas Kondition, ist aber ohne Schwierigkeiten zu bewältigen.

Der Abschnitt zwischen Devil's Staircase und Kinlochleven liegt zum Teil sehr hoch und ist der Witterung ausgesetzt. Es gibt keinerlei Schutz gegen Wind und Wetter. Bevor Sie die Tour in Angriff nehmen, sollten Sie bedenken, dass das Wetter hier jederzeit umschlagen kann und Nebel sehr häufig ist.

12. Etappe: Kingshouse Hotel - Kinlochleven

13,8 km, ca. 4½ Std.

Sie verlassen Kingshouse Hotel Richtung Norden über den River Etive und gelangen an einen Weg, in den Sie links einbiegen müssen. Rechts weiter führt der Weg über 20 km durch das Rannoch Moor bis zur Rannoch Station.

Kurz bevor Sie auf die A 82 treffen, teilt sich der West Highland Way. Die obere Route zweigt nach rechts von der Zufahrt zur A 82 ab. Sie führt entlang des Hanges von **Beinn a' Chrùlaiste** bis nach **Altnafeadh**. Sie ist einfach zu begehen und bietet herrliche Aussichten auf Glen Coe und die umschließenden Berge.

Die meisten Wanderer nehmen offensichtlich die obere Route. Jedenfalls ist der Pfad entlang des River Coupall nur schwer zu erkennen. Dennoch können Sie sich hier kaum verlaufen, weil der Fluss eine gute Orientierung bietet. Obwohl sie etwas länger und vor allem nach Regenfällen morastig und zum Teil sehr tief ist, bevorzuge ich die untere Route.

Sie führt direkt am **River Coupall** entlang, wo Sie auf den Felsen und Steinen am Ufer herrliche Rastplätze unter dem mächtigen Gipfel des **Stob Dearg** finden. Der Berg ist der nördlichste Gipfel der sich zwischen dem

River Etive und dem River Coupall nach Südwesten ziehenden Berggruppe **Buachaille Etive Mor**. Dies ist ein Streckenabschnitt, der bei gutem Wetter zu den schönsten des gesamten West Highland Ways gehört.

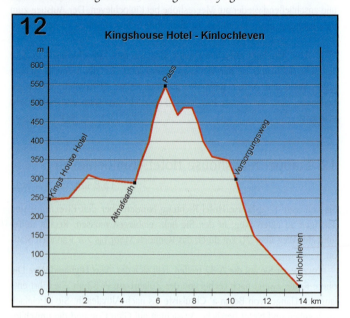

☺ Auf dieser Route kommen Sie kurz vor Altnafeadh an eine Brücke über den **River Coupall**. Von dort verläuft ein Weg auf den **Stob Dearg**, den mit 1.022 m höchsten Gipfel der **Buachaille Etive Mor**.

Für erfahrene Bergwanderer bieten sich keine Schwierigkeiten. Der Aufstieg erfolgt über die Brücke und dann steil bergauf in die Schlucht **Coire na Tulaich**. Von dort führt der Weg zunächst über ein Geröllfeld an den Fuß des Gipfels in knapp 900 m Höhe. Der Aufstieg auf den Stob Dearg ist dann ohne größere Schwierigkeiten zu bewältigen. Der Abstieg erfolgt am besten auf der gleichen Route.

12. Etappe: Kingshouse Hotel - Kinlochleven

Die Buachaille Etive Mor bilden einen langen Bergrücken entlang des River Etive mit mehreren um die 1.000 m hohen Gipfeln. Sie bieten viele interessante Touren für Bergwanderer und Kletterer, haben aber einen schlechten Ruf, weil hier schon viele Menschen ihr Leben lassen mussten.

Vom Gipfel können Sie weit über das Rannoch Moor schauen, und im Norden sehen Sie bereits das Massiv des Nevis (folgende Seite).

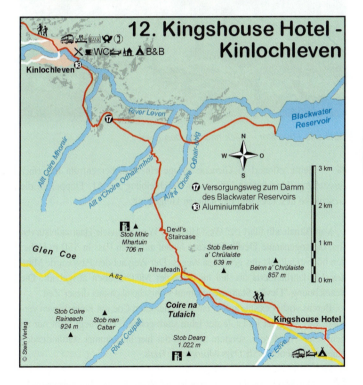

Beide Strecken vereinigen sich in **Altnafeadh** wieder. Dort befindet sich der Eingang zum **Glen Coe**. Die A 82 führt weiter bis Glencoe Village.

Buchaille Etive Mor – Blick nach Norden (he)

⌘   Heute erinnert in Glencoe Village ein Besucherzentrum mit einer Ausstellung (Einzelheiten ☞ in der Beschreibung zur 11. Etappe) an die Geschichte des Tales und der näheren Umgebung.

Von Altnafeadh führt der West Highland Way über viele Haarnadelkurven steil die sogenannte **Devil's Staircase** hinauf auf einen Pass in 550 m Höhe, den höchsten Punkt des gesamten Weges. Der Weg auf den Pass wurde Mitte des 18. Jahrhunderts als Teil im Netz der Militärstraßen ausgebaut. Die Bezeichnung **"Devil's Staircase"** stammt wahrscheinlich aus dieser Zeit.

Bereits vorher existierte hier ein Weg, der Glen Coe mit Kinlochleven verband. Der Weg hat im Laufe der Jahre stark gelitten. Dies liegt nicht nur an den vielen Wanderern, sondern auch an der hier im Sommer stattfindenden Etappe der *Scottish Six Days Motorcycle Trials*.

Der Scheitelpunkt des Passes ist mit einem Steinhaufen gekennzeichnet. Von hier können Sie relativ einfach auf den im Westen gelegenen **Stob Mhic Mhartuin** (706 m) gelangen. Der Berg bietet einen schönen Ausblick auf Glen Coe und das im Norden liegende Ben-Nevis-Massiv. Bei guter Sicht lohnen sich die Mühen der 150 Höhenmeter auf jeden Fall.

Der Abstieg vom Pass nach Kinlochleven bietet keine Schwierigkeiten. Sie wandern zunächst auf der alten Militärstraße abwärts und treffen danach auf den Versorgungsweg zum **Damm des Blackwater Reservoirs**, das im Osten liegt. Vom Stausee führt ein Kanal das Wasser bis zu dieser Stelle. Ab hier fließt es in sechs großen Pipelines über eine Strecke von 1 km 250 m tiefer nach Kinlochleven. Der Damm wurde eigens zur Energiegewinnung für die ehemalige Aluminiumhütte errichtet.

Wanderer in Gegenrichtung müssen an dieser Stelle aufpassen und den Weg nach rechts einschlagen. Wenn Sie hier die Abzweigung verpassen, was leicht geschehen kann, finden Sie sich unversehens am Staudamm wieder.

Der Stausee lieferte die Energie für das ehemalige Aluminiumwerk. Sein Damm ist 25 m hoch und hat eine Länge von fast 1 km. Der Stausee wurde in den Jahren 1905 bis 1909 von mehr als 3.000 Wanderarbeitern errichtet. Für die damalige Zeit in der abgeschiedenen Gegend eine enorme logistische Herausforderung.

Auf dem weiteren Weg abwärts, der z.T. durch schöne Birkenwälder führt, können Sie immer wieder einen Blick auf die riesigen Stahlrohre der Pipeline werfen. Sie erreichen **Kinlochleven** an der ehemaligen Aluminiumfabrik, auf deren Gelände in den letzten Jahren der **Kinlochleven Business Park** entstanden ist, überqueren den River Leven und gelangen schließlich nach wenigen 100 m an die Brücke der A 82 über den Leven. Hier haben Sie das Ziel der Etappe erreicht.

Kinlochleven

Mamore Forest Lodge, Kinlochleven PH50 4QN, ☎ 0 18 55/83 12 13, 32 Betten, Ü £C-D, in einem nahegelegenen Annex £B, ganzjährig, . Das empfehlenswerte Hotel liegt oberhalb des Ortes mit einem schönen Blick auf Kinlochleven und Loch Leven.

- **MacDonald Hotel**, John Rowan, Fort William Road, Kinlochleven PH50 4QL, ☎ 0 18 55/83 15 39, FAX 0 18 55/83 14 16, 🖥 www.macdonaldhotel.co.uk, 20 Betten, ÜF £C-D, ganzjährig, 🚐, im Winter, Frühling und Herbst Sonderpreise. Das Haus liegt am westl. Ortsausgang auf der Nordseite von Loch Leven.
- **Tailrace Inn**, Riverside Road, Kinlochleven PH50 4QH, ☎ 0 18 55/83 17 77, FAX 0 18 55/83 12 91, 🖥 www.tailraceinn.co.uk, 18 Betten, ÜF £D, ganzjährig, 🍽. Das Inn liegt direkt am West Highland Way.
- **Tigh-na-Cheo Guest House**, George & Nicola Lyden, Garbhein Road, Kinlochleven PH50 4SE, ☎ 0 18 55/83 14 34, 18 Betten, ÜF £C, ganzjährig, 🚐, Trockenraum vorhanden

B&B **Failte**, Mrs. Marion Sweeney, 6 Lovat Road, Kinlochleven PH50 4RQ, ☎ 0 18 55/83 13 94, 4 Betten, ÜF £C, April bis Oktober, 🚐🍽

- **Mr & Mrs A. Hamer**, 23 Wades Road, Kinlochleven PA50 4QX, ☎ 0 18 55/83 13 02, 6 Betten, ÜF £C, ganzjährig, 🚐. Die Unterkunft wird u.a. wegen der freundlichen und hilfsbereiten Vermieter empfohlen.
- Blackwater Hostel and Campsite, Lab Road, Kinlochleven, PH50 4SG, ☎ 0 18 55/83 12 53 und ☎ 0 18 55/4 02, 🖥 www.blackwaterhostel.co.uk, ganzjährig, Ü ab £A, 🚐🍽.
- West Highland Lodge Bunkhouse, Brae, Kinlochleven, PH50 4RT, ☎ 0 18 55/83 12 53 und ☎ 0 18 55/4 02, 🖥 www.blackwaterhostel.co.uk, ganzjährig, Ü £A, 🚐🍽. Das Blackwater Hostel und die West Highland Lodge werden inzwischen gemeinsam gemanagt. Beide Unterkünfte befinden sich in einem guten Zustand und sind und sind nach Auffassung zahlreicher Leser sehr zu empfehlen.
- ⛺ Am **Blackwater Hostel** stehen 30 Plätze für Zelte zur Verfügung, am MacDonald Hotel nochmals 25. Beide Anlagen haben einen eigenen Sanitärblock, u.a. mit warmen Duschen und Trockenraum.
- 🛒 In diversen Geschäften können Sie das erste Mal seit langer Zeit wieder richtig einkaufen.
- Im **Ice Factor**, dem Eiskletterzentrum in der ehemaligen Aluminiumfabrik gibt es einen Shop, der auch den Bedarf für Wanderer abdeckt.
- 🚌 Der Ort ist über eine Buslinie mit Fort William und Glen Coe verbunden.

Kinlochleven wurde bis vor wenigen Jahren noch durch eine große Aluminiumfabrik beherrscht, die aber ihre Produktion im Jahre 2000 eingestellt hat und inzwischen abgebaut wurde. An ihrer Stelle ist der Kinlochleven Business Park mit dem **Ice Factor**, einer Fels- und Eiskletterhalle, entstanden. Die Eiswand ist die weltweit größte ihrer Art und die Felswände haben eine Fläche von über 600 m².

- The Ice Factor, Leven Road, Kinlochleven, PH50 4SF, ☏ 0 18 55/83 11 00, 🖥 www.ice-factor.co.uk, 🕘 Mo und Fr bis So von 9:00 bis 10:00, Di bis Do von 9:00 bis 22:00

Lohnend ist auch der kurze Spaziergang, der vom Ortszentrum zum spektakulären **Grey Mares Wasserfall** führt.

Am Fuße von Ben Nevis
Die beiden letzten Etappen führen über 23,5 km von Kinlochleven an den Fuß von Großbritanniens höchstem Berg, dem **Ben Nevis**.

13. Etappe: Kinlochleven - Lochan Lunn Da Bhra
12 km, 4 Std.

Bis zum See Lochan Lunn Da Bhra verläuft der West Highland Way auf der alten Militärstraße, auf der Sie gut wandern können. Er führt vom See, der auf Meereshöhe liegt, wieder auf eine Höhe von über 300 m. Bei schlechtem Wetter bieten nur zwei am Weg liegende Ruinen Schutz.

Startpunkt ist die Brücke der A 82 über den Leven. Sie folgen der Hauptstraße nordwärts bis zur Nordwestecke der Stadt. Gegenüber der Schule zweigt der Weg rechts ab.

Hinter einer Tankstelle führt er steil aufwärts durch Birkenwald, bis er schon weit oberhalb von Kinlochleven in einer Höhe von 250 m auf die Militärstraße trifft.

An dieser Stelle haben Sie einen guten Überblick über den See und Kinlochleven. Aus dieser Höhe wirkt beides wie Puppenspielzeug. Hinter der Stadt können Sie den Verlauf des West Highland Ways bis zu den Ausläufern von Devil's Staircase verfolgen.

Von hier an steigt der Weg nur noch sacht bis zur Passhöhe an. Kurz darauf kommen Sie an den Ruinen der **Farm Tigh-na-sleubhaich** vorbei.

Etwa 1,5 km weiter erreichen Sie die **Farm Lairigmor**, heute auch nur noch eine traurige Ruine.

Farm Tigh-na-sleubhaich (ir)

☺ In der Nähe der Ruine zweigt nach links ein Weg ab. Der Pfad führt am **Mam na Gualainn** (796 m) vorbei bis **Callert** am Loch Leven. Die Strecke ist etwa 6 km lang. Von dort sind es noch etwa 4 km bis **North Ballachulish** am Ende vom Westende Loch Levens. Der Weg war früher eine wichtige Verbindung von der Militärstraße ins Glen Coe. Eine Fähre brachte die Reisenden auf die andere Seite von Loch Leven.

🚌 In **Ballachulish** haben Sie Busverbindungen nach Kinlochleven, Fort William und durch das Glen Coe nach Glasgow.

Etwa 1,5 km hinter der Ruine wendet sich das Tal nach Norden. Der West Highland Way folgt ihm, es geht weiter langsam abwärts. Durch einen Wald gelangen Sie an eine Straße und einen kleinen Parkplatz. Von hier können Sie den See **Lochan Lunn Da Bhra** sehen, der wenige hundert Meter weiter westlich liegt. Die Straße führt nordwärts nach Fort William und in die andere Richtung zu einer Farm hinter dem See. Hier haben Sie das Etappenziel erreicht.

☺ In den Jahren 2006 und 2007 waren hier umfangreiche Rodungsarbeiten im Gange, die den Wald und Parkplatz sehr in Mitleidenschaft gezogen haben.

13. Etappe: Kinlochleven - Lochan Lunn Da Bhra

Lochan Lunn Da Bhra ist ein kleiner, schöner See, von dem in einer alten Überlieferung berichtet wird, dass er die Wohnstätte eines Furcht erregenden Untieres sei, das Weidevieh raubt und mit sich in den See nimmt. Eine gute Ausrede für alle Viehdiebe, die nur auf den gefräßigen "Wasserbullen" verweisen mussten.

Blick auf Lochan Lunn Da Bhra (ir)

14. Etappe: Lochan Lunn Da Bhra - Fort William

12,3 km, ca. 4 Std.

Die letzte Etappe führt fast ausschließlich durch Wälder hinab ins Glen Nevis und dort entlang asphaltierter Straßen ins Zentrum von Fort William. Schwierigkeiten sind auf dieser Strecke nicht mehr zu bewältigen. Sie bietet an verschiedenen Stellen immer wieder grandiose Blicke auf den höchsten Berg Großbritanniens, den **Ben Nevis**, sofern dieser nicht völlig im Nebel verschwunden ist.

14. Etappe: Lochan Lunn Da Bhra - Fort William

☺ In den letzten Jahren wurden zwischen Lochan Lunn Da Bhra und Fort William umfangreiche Forstarbeiten durchgeführt, sodass Sie stellenweise entlang kahl geschlagener ehemaliger Waldflächen wandern müssen. Es wird noch einige Zeit dauern, bis wieder ein durchgängiger Wald entstanden ist.

Die Etappe beginnt an der Straße östlich des Sees Lochan Lunn Da Bhra. Der West Highland Way verlässt hier nach rechts unter einer Stromleitung hindurch die alte Militärstraße, die weiter als asphaltierte Autostraße über Blarmachfoldach nach Fort William führt.

Nach einem kurzen Waldstück gelangen Sie an einen längeren Abschnitt im offenen Gelände und durch Neuanpflanzungen.

Auf Ihrem Weg abwärts ins Glen Nevis kommen Sie noch an einem eisenzeitlichen Fort, **Dun Deardail**, vorbei, dessen Überreste in der Nähe des Weges liegen. Heute ist von der Schutzanlage nicht mehr als ein Gras bewachsener Wall zu sehen. Der Weg zu dieser Anlage ist markiert.

Der Fernwanderweg wendet sich nach Norden, führt über einen kleinen Pass und gelangt schließlich auf eine Forststraße. Unterhalb liegt nun das Glen Nevis und vor Ihnen ragt das Massiv des gleichnamigen Berges empor.

Nach etwa 2 km zweigt scharf rechts ein kleiner Weg ab, der nach wenigen hundert Metern wieder nach links verlassen werden muss. Diese markierte Route führt direkt zur **Jugendherberge** und zum **Zeltplatz**, die hier im unteren Teil des Glen Nevis liegen und vom Weg aus bereits zu sehen sind.

Der West Highland Way verläuft zunächst weiter Richtung Norden. Nach gut 500 m knickt er scharf rechts ab und gelangt an die Autostraße. Dort folgen Sie der Straße nach links und kommen nach kurzer Zeit an einen Parkplatz.

☺ Hier befindet sich ein **Informationszentrum**, das in einer sehenswerten Ausstellung viel Wissenswertes über Fort William und die Gegend um den Ben Nevis liefert. Etwa in gleicher Höhe liegt ein Baum bewachsener Hügel mit dem alten Friedhof des Clans Cameron. Die Familienmitglieder besiedelten das Tal und die umliegenden Gebiete.

14. Etappe: Lochan Lunn Da Bhra - Fort William

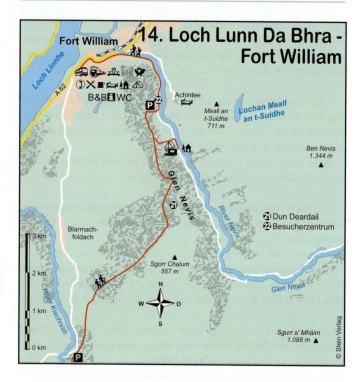

Sie wandern weiter auf dem Bürgersteig der Belford Road entlang des River Nevis bis Sie an einem Kreisverkehr an einen großen Parkplatz stoßen, der zu einem als Besucherzentrum getarnten großen Geschäft mit angeschlossenem Restaurant gehört. Hier endete noch bis zum Jahr 2009 wenig spektakulär der West Highland Way.

Nun führt er noch etwa 1,5 km weiter bis in das Zentrum von Fort William. Folgen Sie dazu weiter der Belford Road (Wanderhinweis an der Brücke über den River Nevis) am Krankenhaus vorbei in die Highstreet, wo Sie nahe an ihrem Südwestende noch hinter dem Cameron Square mit dem TI Büro und dem West Highland Museum auf den Gordon Square stoßen. Hier haben Sie das Ende des West Highland Ways erreicht.

14. Etappe: Lochan Lunn Da Bhra - Fort William

Von Ihrem Ausgangspunkt in Milngavie im Norden Glasgows bis hierher haben Sie nun 154 km zurückgelegt und etwa 4.500 Höhenmetern überwunden.

Wenn das kein Grund ist, den Tag in einem der zahlreichen Pubs ausklingen zu lassen.

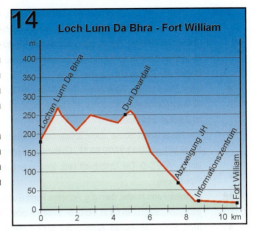

Fort William 🚌 🚐 🚂 🏦 ☘ ⓘ ✕ 🍺 🍽 WC 🛏 🏠 ⛺ B&B ℹ

- ℹ TI Centre Fort William, Cameron Square, Fort William, PH33 6AJ, ☎ 0 13 97/70 18 01, ✉ info@ visitscotland.com, 🕒 ganzjährig

- ☺ Obwohl eine große Anzahl Unterkünfte jeglicher Art vorhanden sind, empfiehlt es sich, in der Hauptsaison im Voraus zu buchen, damit man nicht lange nach einem freien Quartier suchen muss.

- 🛏 Nevis Bank Inn, Belford Road, Fort William, PH33 6BY, ☎ 0 13 97/70 57 21, 🖥 www.nevisbankinn.co.uk, £F, 🕒 ganzjährig, 📷. Das ehemalige Nevis Bank Hotel ist im April 2010 völlig renoviert als Nevis Bank Inn wieder eröffnet worden. Es liegt direkt am Wanderweg kurz hinter dem ehemaligen Endpunkt des West Highland Ways.

- ♦ Distillery Guest House, Nevis Bridge, Fort William PF33 6LR, ☎ 0 13 97/70 01 03, 🖥 www.stayinfortwilliam.co.uk, 14 Betten, ÜF ab £D, 🕒 ganzjährig, 🚗. Die Unterkunft befindet sich auf dem Gelände der ehemaligen Glenlochy Distillery direkt am Ende des West Highland Ways. Auf dem Gelände werden auch Cottages für Selbstversorger angeboten.

- ♦ Glenlochy Guest House, Catherine MacPherson, Nevis Bridge, Fort William PH33 6LP, ☎ 0 13 97/70 29 09, 🖥 www.glenlochyguesthouse.co.uk, 30 Betten, ÜF ab £C, 🕒 ganzjährig, 🚗, am ehemal. Ende des West Highland Ways

B&B Achintee Farm Guest House, Mrs. Heather Gunn, Glen Nevis, Fort William PH33 6TE, ☏ 0 13 97/70 22 40, 🖥 www.achinteefarm.com, 8 Betten, ÜF £D, 📅 März bis Oktober, Trockenraum vorhanden, Nichtraucher. Die Unterkunft liegt gegenüber dem Visitor Centre auf der anderen Seite des River Nevis, nahe am Beginn des Pfades auf den Ben Nevis.

♦ Bank Street Lodge, Bank Street, Fort William PH33 6AY, ☏ 0 13 97/70 00 70, 🖥 www.bankstreetlodge.co.uk, 10 Betten, Ü £C, 📅 ganzjährig. Die Lodge liegt im Zentrum des Ortes.

♦ Ben Nevis Guest House, Janet & Graeme Robertson, Glen Nevis, Fort William, PH33 6PF, ☏ 0 13 97/70 88 17, 🖥 www.bennevisguesthouse.co.uk, 📅 ganzjährig, ÜF £C-D. Die Unterkunft liegt am Eingang zum Glen Nevis direkt am Wanderweg..

🏠 Achintee Farm Hostel, dem o.g. Achintee Farm Guest House ist ein Bunkhouse angeschlossen, Ü ab £B in Vierbett-, Dreibett- oder Doppelzimmern.

♦ Bank Street Bunkhouse. Auch in der Bank Street Lodge werden Zimmer als Bunk Rooms vermietet, Ü £B.

♦ Glen Nevis Youth Hostel, Glen Nevis, Fort William, PH33 6SY, ☏ 0 13 97/70 23 36, 🖥 www. glennevishostel.co.uk, 📅 ganzjährig, 3 Sterne. Die Herberge liegt im Glen Nevis direkt an einem der Startpunkte zum Aufstieg auf den Ben Nevis.

♦ Fort William Backpackers, Alma Road, Fort William, PH33 6HB, ☏ 0 13 97/70 07 11, 🖥 www.macbackpackers.com, Ü £A. Die zentrumsnahe Unterkunft wird von sehr freundliche Gastgebern bewirtschaftet.

🚐⛺ Glen Nevis Caravan and Camping Park, Jan McCready, Glen Nevis, Fort William PH33 6SX, ☏ 0 13 97/70 21 91, 🖥 www.glen-nevis.co.uk, 130 Stellplätze für Zelte, Stellplatz für Rucksacktouristen ab £A, 📅 Mitte März bis Ende Oktober. Auf dem Platz werden darüber hinaus für Selbstversorger 43 Unterkünfte vermietet.

☺ Im One World Internet Cáfe in der Fußgängerzone kann man nicht nur seine Mails abrufen, sondern auch Gepäck aufbewahren (£ 1 pro Std., £ 5 pro Tag).

Fort William (11.000 Einwohner) verdankt seinen Namen einer Befestigungsanlage, die früher den Zugang zum Great Glen kontrollierte. Die erste Anlage wurde Mitte des 17. Jahrhunderts gebaut. 1689 wurde sie unter William III. von Oranien erneuert und erweitert. Bis 1855 blieb Fort William Garnisonsstadt. Heute gibt es so gut wie keine Spuren mehr von seiner historischen Funktion als Garnisonsstadt. Dank seiner günstigen Lage hat sich der Ort zu einem bedeutenden Touristenzentrum entwickelt. Von hier aus lassen sich viele lohnenswerte Ausflüge und Wanderungen starten.

Im Ort und der näheren Umgebung gibt es eine Menge sehenswerter Attraktionen.

Da sei zunächst einmal **Neptune's Staircase** genannt, eine gewaltige Schleusenanlage am Ende des Kaledonischen Kanals. Die Anlage, von Thomas Telford konstruiert und 1822 fertiggestellt, überwindet mit acht hintereinander geschalteten Schleusenkammern den Höhenunterschied von 20 m zwischen dem Kanal und dem fjordähnlichen Loch Linnhe.

⌘ Einen Besuch lohnt auch das 1922 gegründete West Highland Museum am Cameron Square (neben der 🛈). In einem schmucken Gebäude aus dem 18. Jahrhundert können Sie hier viel über Natur und Landschaft sowie die Geschichte der Gegend erfahren.

♦ West Highland Museum, Cameron Square, Fort William PH33 6AJ, ☏ 0 13 97/70 21 69, 🖥 www.westhighlandmuseum.org.uk, 🕒 von Oktober bis Mai Mo bis Sa von 10:00 bis 16:00, Juni bis September Mo bis Sa von 10:00 bis 17:00, Juli und August zusätzlich So von 14:00 bis 17:00, Eintritt Erw. £ 32, Kinder 50 p.

Sehenswert sind auch die Ruinen von **Inverlochy Castle**, das um 1280 wohl auf Anordnung Edward I. von England gebaut wurde. Die Burg wurde nicht weit von der Stelle errichtet, wo der River Lochy ins Loch Linnhe mündet. Von hier haben Sie auch einen wunderbaren Blick auf Ben Nevis.

Der Ort spielte aber schon sehr früh eine Rolle in der schottischen Geschichte. Wahrscheinlich wurde hier bereits im 8. Jahrhundert ein Vertrag zwischen Franzosen und Pikten, den frühen Schotten, unterzeichnet. Das Castle war auch Schauplatz einer blutigen Schlacht zwischen königstreuen Kräften, die die Burg verteidigten, und dem Marquis von Argyll, der eine starke Armee von Mitgliedern mehrerer Clans aus den Highlands unter sich vereinigt hatte. Die Schlacht fand im Februar 1645 statt. Wie meist waren auch diesmal wieder die Königstreuen die Sieger, und die Highlander mussten sich geschlagen geben. Es wird berichtet, dass mehr als 1.500 Highlander während der Gefechte umkamen und ihr Blut den Fluss für einige Zeit rot färbte.

Beliebt sind auch die etwa 1½ Stunden dauernden **Minikreuzfahrten** mit mehr oder weniger historischen Schiffen auf dem Loch Linnhe.
- Seal Island Cruises, Town Pier, Fort William PH33 6DB, ☎ 0 13 97/70 07 14, täglich von April bis Oktober

Wer es noch nostalgischer mag, dem sei eine Fahrt mit dem historischen **Dampfzug "The Jacobite"** empfohlen. Der Zug verkehrt auf der 1901 eröffneten Bahnstrecke von Fort William nach Mallaig.

Die Fahrt geht auf der etwa 65 km langen Strecke u.a. über den eindrucksvollen 21-bogigen Glenfinnan Viadukt und endet an der Westküste in dem betriebsamen Fischer- und Fährhafen Maillaig mit wunderbaren Blicken auf die Insel Skye und die kleinen Inseln Rhum, Eigg und Muck.
- The Jacobite, West Coast Railways, Carnforth, LA5 9UR, ☎ 08 45/1 28 46 81, www.westcoastrailways.co.uk. Die Züge verkehren nach Fahrplan von Mitte April bis Ende Oktober von Mo bis Fr, im Juli und August auch Sa und So. Eine Tagesrückfahrkarte kostet für Erwachsene in der Standardklasse £ 31, für Kinder £ 17,50.

Natürlich hat auch Fort William seine Whisky-Brennerei. Wer sich für das Nationalgetränk der Schotten interessiert, kann sich bei einem geführten Rundgang in der **Ben Nevis Distillery** über seine Herstellung informieren.
- Ben Nevis Distillery, Loch Bridge, Fort William, PH33 6TJ, ☎ 0 13 97/70 02 00, www.bennevisdistillery.com, Ostern bis Ende September Sa von 10:00 bis 16:00 Uhr, im Juli und August zusätzlich Mo bis Fr von 09:00 bis 18:00 Uhr und So von 12:00 bis 16:00 Uhr. Eintritt Erw. £ 4, Kinder £ 2.

Einen Besuch wert sind auch die jährlich im Juli/August in mehreren Städten stattfindenden **Highland Games**. Hier treten muskelbepackte Schotten gegeneinander an und versuchen sich im Stemmen schwerer Steinbrocken oder dem Werfen dicker Baumstämme. Aber auch Tanz- und Dudelsackwettbewerbe finden statt. Die Highland Games sind alte, traditionelle Spiele, bei denen einerseits die Clans untereinander wetteifern konnten, ohne gleich richtig Krieg zu führen, und andererseits die Chiefs der Clans die besten Kämpfer rekrutieren konnten: die stärksten Männer wurden z.B. Leibwächter, die schnellsten Kuriere und die vielseitigsten Elitesoldaten.

♦ Den genauen Termin können Sie bei der 🛈 erfragen.

Ben Nevis - Half Way Loch, im Tal ist Fort William zu sehen (he)

☺ Für viele Wanderer gilt eine Besteigung des **Ben Nevis** als krönender Abschluss der Tour auf dem West Highland Way. Bei klarer Sicht haben Sie vom Gipfel einen Ausblick wie nirgends sonst in Großbritannien.

Der Berg ist mit 1.344 m der höchste Gipfel im gesamten Königreich. Technisch bereitet der Aufstieg keine Schwierigkeiten. Er verläuft die ganze Zeit auf einem alten Ponypfad, der zur Versorgung eines ehemaligen Observatoriums Ende des 19. Jahrhunderts angelegt wurde.

✋ Dennoch muss vor dem Berg ausdrücklich gewarnt werden. Der Aufstieg ist auch bei gutem Wetter kein Spaziergang. Die Wetterbedingungen unterscheiden sich in Fort William und auf dem Berg oft beträchtlich. Unten

14. Etappe: Lochan Lunn Da Bhra - Fort William

Auf dem Gipfelplateau vom Ben Nevis (he)

in der Stadt kann schönster Sonnenschein herrschen, während im Gipfelbereich Sturm und Regen peitschen. An 90 von 100 Tagen liegt der Gipfelbereich in einer dichten Nebelschicht. Es kann jeden Tag, auch im Hochsommer, schneien. Das Wetter schlägt oft mit einer Geschwindigkeit um, in der der Abstieg nicht zu schaffen ist.

Die Tour sollten Sie nur vollständig ausgerüstet antreten. Dazu gehören neben der **wetterfesten Kleidung** unbedingt **Kompass** und **Karte**. Man kann immer wieder Ausflügler sehen, die sich mit Sandalen und kurzen Hosen bekleidet an den Aufstieg wagen. Dies sind dann potentielle Kandidaten für einen Einsatz der Bergwacht. Jedes Jahr verunglücken mehr als 100 Menschen am Ben Nevis. Für einige von ihnen ist es die letzte Tour im Leben.

Sie sollten auch bedenken, dass Sie für den Aufstieg die entsprechende **Kondition** haben müssen. Der Berg ist zwar "nur" gut 1.300 m hoch, was im Vergleich zu einigen Alpengipfeln wenig ist, sie beginnen Ihre Bergwanderung aber praktisch auf Meereshöhe, d.h. Sie haben mehr als 1.300 Höhenmeter zu bewältigen.

Obwohl die schnellsten Läufer den Auf- und Abstieg in gut 1½ Stunden schaffen, sollten Sie sich an diesen Fabelzeiten, die beim jährlich stattfindenden Ben Nevis Race erzielt werden, nicht orientieren. Sie sollten je nach Kondition schon 6 bis 10 Std. für Hin- und Rücktour einplanen.

Es gibt mehrere mögliche Startpunkte. Beliebt als Ausgangspunkt sind Jugendherberge bzw. Campingplatz. Von ihnen führt eine Brücke über den River Nevis zu einem Pfad, der steil aufwärts auf den Ponypfad führt. Weiter bietet sich **Achintee** mit seinen diversen Unterkunftsmöglichkeiten, darunter auch ein Bunkhouse, an. Hier können Sie direkt am Parkplatz starten. Auch der Parkplatz vor dem Besucherzentrum eignet sich gut. Von hier führt ein kurzer Fußweg nach Achintee.

Der Ponypfad ist steinig und oft mit losem Geröll bedeckt. Alle Flüsse sind mit Brücken versehen. Zunächst steigt der Weg relativ sachte an, wird dann aber immer steiler und führt schließlich fast auf halber Höhe auf einen breiten Sattel. Hier liegt der See **Lochan Meall an t-Suidhe**.

Oberhalb des Sees zweigt ein Pfad links ab. Dieser Weg führt nicht zum Gipfel, sondern durch eine Schlucht entlang eines Flusses auf der anderen Seite des Berges zurück nach Fort William. Der Pfad ist schwierig und darf nur von sehr erfahrenen Bergwanderern genutzt werden. Der Pfad auf den Gipfel schwenkt scharf rechts um und gelangt alsbald an einen alten Ponystall, der unter dem Namen **"Half Way Hut"** bekannt ist.

Nun beginnt der schwierigere Teil der Strecke. Von hier geht es in unzähligen Haarnadelkurven aufwärts bis zum Gipfelplateau, einer riesigen stein- oder schneeübersäten Fläche. Den eigentlichen Gipfel erreichen Sie dann nach etwa 800 m.

Ben Nevis - Der letzte Anstieg zum Gipfel (he)

✋ Der Pfad dorthin führt stellenweise sehr dicht am Abgrund entlang. Bei Schnee oder Nebel ist äußerste Vorsicht angeraten.

🏛 Vom Gipfel, der durch einen Vermessungspunkt auf einem Steinhaufen und durch Reste des Observatoriums gekennzeichnet ist, haben Sie das Gefühl, ganz Schottland überblicken zu können. Bei klarer Sicht können Sie bis zur Küste Irlands sehen, fast 200 km entfernt. Der Abstieg erfolgt auf demselben Weg, wobei Sie vor allem auf dem Gipfelplateau aufpassen müssen, um den rechten Weg nicht zu verlieren.

Ben Nevis - Blick nach Süden
auf Mullach nan Coirean und rechts daneben Stob Ban (he)

Wer sich dem Berg ohne Schweiß zu vergießen nähern möchte, dem sei Großbritanniens einzige Bergbahn empfohlen. Die Gondel bringt Sie auf eine Höhe von etwa 650 m am Fuße des 1.221 m hohen Aonach Mor, einem der über 1.000 m hohen Gipfel im Massiv des Ben Nevis. Mehrere Skilifte sorgen im Winter für alpines Flair. Im Sommer locken ausgedehnte Wanderwege oder Mountainbike-Abfahrten den Touristen, und im Snowgoose Restaurant können Sie Durst und Hunger stillen.

◆ Nevis Range, Fort William PH33 6SW, ☏ 0 13 97/70 58 25, 🖥 www.nevisrange.co.uk, 🕘 täglich von 10:00 bis 17:00, im Juli und August von 9:30 bis 18:00, Do und Fr bis 21:00. Eine Rückfahrkarte kostet für Erwachsene £ 10,50, für Kinder £ 6 (Kinder unter 5 Jahre frei). Eine Tageskarte ist mit £ 13 für Erwachsene und £ 7,50 für Kinder nur unwesentlich teurer.

☺ Wer den höchsten britischen Berg in seiner ganzen Pracht bewundern will, dem bieten sich verschiedene gute Aussichtspunkte an, von denen Sie, vorausgesetzt er hüllt sich nicht in Wolken, einen besonders schönen Blick auf den Berg haben. Eines der schönsten Panoramen bietet der kleine Hafen von Corpach am Ende des Caledonian Canal. Den Hafen erreichen Sie in wenigen Minuten von Neptune's Staircase aus.

☺ Ein weiterer lohnenswerter Abstecher ist eine Wanderung tief ins **Glen Nevis** hinein, das viele für die schönste Talschlucht Schottlands halten. Von der Jugendherberge führt die Autostraße weiter ins Tal, das nach einiger Zeit einen fast rechtwinkligen Schwenk nach Westen vollzieht. Eine kurze Strecke danach endet die Straße an einem Parkplatz.

Bereits auf diesem ersten Streckenabschnitt, auf dem Sie gut wandern können, kommen Sie durch eine wundervolle Landschaft mit steil aufragenden Felswänden, unzähligen rauschenden Flüssen und vielen hohen Wasserfällen. Noch grandioser und wilder wird die Landschaft, wenn Sie hinter dem Parkplatz weiter ins Tal vordringen. Hier können Sie dann u.a. auf einem dicken Seil, nur gesichert an zwei links und rechts gespannten Hilfsleinen für die Hände, den Fluss überqueren.

Für mich ist die Wanderung ins Glen Nevis viel eher der abschließende Höhepunkt des West Highland Ways als die Besteigung des Ben Nevis.

Seit Anfang 2002 gibt es einen neuen offiziellen Weitwanderweg in Schottland. Der Great Glen Way verbindet Fort William mit Inverness. Der 117 km lange Weg verläuft durch Schottlands längstes Tal entlang des Caledonian Canal und Loch Ness. In 4 bis 6 Tagen lässt er sich bequem erwandern. Er bietet keine Schwierigkeiten und größeren Höhenunterschiede und ist daher auch für Anfänger und weniger Trainierte gut geeignet.

14. Etappe: Lochan Lunn Da Bhra - Fort William

📖 **Schottland: Western Highland** von *Anja Vogel*, Conrad Stein Verlag, Outdoor-Handbuch, Der Weg ist das Ziel, Band 191, ISBN 978-3-86686-191-6, € 12,90

🚌🚆 Für die **Rückreise** nach Glasgow können Sie sowohl die Bahn als auch den Bus benutzen. Mit dem Bus kommen Sie teilweise ohne Umsteigen bis zum Flughafen von Glasgow.

Beide Verkehrsmittel führen auf Teilstrecken durch die erwanderten Landschaften, und so können Sie nochmals einen Eindruck aus anderer Perspektive gewinnen.

Die Bahn verläuft zwischen Bridge of Orchy und dem Nordende von Loch Lomond parallel zum West Highland Way. Mit dem Bus fahren Sie vom Kingshouse Hotel bis zum Südende von Loch Lomond durch schon bekannte Landschaften. Besonders interessant ist der Streckenabschnitt entlang von Loch Lomond, weil Sie hier auf der anderen Seite des Sees fahren und so direkt auf die gewanderte Strecke blicken können.

Beide Alternativen bieten aber auch neue Ansichten. Neben der interessanten Fahrt mit der Bahn mitten durch das Rannoch Moor, verläuft die Bahntrasse hinter dem Nordende von Loch Lomond entlang von Loch Long. Die Busfahrt führt dagegen über Ballachulish und durch das wilde Glen Coe mit seiner beeindruckenden Landschaft.

☺ Wer auf den Preis achten muss, dem sei die Busfahrt angeraten. Bus-Tickets erhält man für die Fahrt von Fort William bis Glasgow schon für weniger als £ 20, für die Bahnfahrt müssen Sie deutlich mehr bezahlen. Wie inzwischen üblich gibt es bei Bus und Bahn immer wieder unterschiedliche Rabattaktionen. Erkundigen Sie sich am besten schon vor der Anreise, welche Möglichkeiten es gibt, Geld bei der Rückreise einzusparen.

Kleiner Sprachführer
Literaturtipps

Ben Lomond, Abstieg auf dem Hauptweg (ir)

Kleiner Sprachführer

Die meisten Schotten sprechen **Englisch**, die offizielle Amtssprache. Dabei unterscheiden sich Aussprache und Redeweise in den Lowlands von unserem Schulenglisch sehr stark. Hier hat sich im Laufe der Zeit ein eigener Dialekt gebildet bzw. erhalten. Dennoch können Sie sich, vorausgesetzt die eigenen Englischkenntnisse sind entsprechend, problemlos verständigen.

In den Highlands, wo Englisch erst seit dem 18. Jahrhundert verbreitet ist, wird ein ausgesprochen reines Englisch gesprochen. Von Inverness wird behauptet, dass dort das beste Englisch des gesamten Königreiches gesprochen wird.

Gälisch, die für unsere, aber auch für englische Zungen nahezu unaussprechliche uralte Sprache der Highlands und Inseln, wird nur noch von einigen tausend Schotten beherrscht.

Obwohl verstärkt Anstrengungen unternommen werden, Gälisch am Leben zu erhalten und wieder zu einer echten Umgangssprache zu machen, ist doch zu befürchten, dass es in nicht allzu ferner Zukunft nicht mehr zu den lebenden Sprachen zählen wird.

In anderen Landesteilen sind darüber hinaus noch Reste anderer Sprachen erhalten. So sind an den Küsten, die lange Zeit unter skandinavischem Einfluss standen, viele Begriffe aus dem nordischen Sprachraum eingeflossen. Auf den Shetlands und Orkneys wird neben Englisch noch **Norn** gesprochen, eine Abart des Altnordischen.

Alle diese lokalen Sprachen werden auf Kosten von Englisch immer mehr zurückgedrängt. Erhalten bleiben werden aber auf jeden Fall viele Namen und geografische Bezeichnungen gälischen und anderen Ursprungs.

Um Ihnen das Lesen der schottischen Landkarten zu erleichtern, in denen es von zunächst unverständlichen Bezeichnungen nur so wimmelt, werden im folgenden kleinen Sprachführer die wichtigsten, in Karten verwendeten Begriffe erläutert.

Gälisch	Deutsch
allt	Bach, Fluss
beag	klein
ben, benn, beinn	Berg
bonnie	schön
buachaille	Schäfer, Hirte
cairn	Steinhaufen, oft auch im Sinne von Denkmal
clach	Stein
clachan	Häusergruppe, kleines Dorf
cnoc	Hügel
coille	Wald
coire, corrie	Talkessel
col	Pass
craig, creag	Felsen, Klippe
croft	sehr kleines Gehöft
cruach	Hügel, großer Haufen
dearg	rot
dobhar	Bach, Fluss
drum, druim	Gebirgskamm, Grat, Bergrücken, Hügelkette
dubh	dunkel, schwarz
dun, dùn	Festung
eag	Kerbe
eilean, eilein	Insel
estate	Landgut
glas, ghlas	grau, grün
gleann, glen	Tal
glomach	Schlucht
gorm	blau
innis	Insel
inver	Flussmündung
kil	Kirche, Friedhof
knock	Hügel
laggan	Mulde
lairig	Pass
liath	grau

Gälisch	Deutsch
linn, linne	Teich
loch	See, Fjord
lochan	kleiner See
meall	rundlicher Hügel
mon	Moor
mor, more	groß
muir	Moor
mull	Vorgebirge
mullach	Gipfel
ruadh	rot
scuir, stob	Gipfel
sgurr, sgor	felsiger Gipfel
strath	Tal
tarbert	Landenge

Literaturtipps

Obwohl mehrere Verlage eine Fülle unterschiedlicher Reisehandbücher über Schottland anbieten, gibt es im deutschsprachigen Raum außer dem hier vorliegenden Buch keinen detaillierten Führer über den West Highland Way oder die Region. Er wird zwar in einigen Reiseführern erwähnt oder auf ein, zwei Seiten kurz angerissen, als Führer eignen sich diese Bücher aber nicht.

In der folgenden Literaturliste sind daher neben ausgewählten deutschsprachigen Titeln über Schottland im Allgemeinen auch einige englischsprachige Veröffentlichungen aufgeführt.

Hinweise zu ☞ Kartenmaterial finden Sie unter dem entsprechenden Stichwort in den "Reise-Infos von A bis Z".

Ausgewählte deutschsprachige Literatur über Schottland

- Reiseführer Natur - Schottland von R. Kostrzewa & A. Kostrzewa, BLV, München 1998, ISBN 978-3-40514-509-5. Diese Buch ist nur noch gebraucht erhältlich.
- Schottland: Speyside Way - Whisky-Trail von H. Engel, Conrad Stein Verlag, Welver 2006, ISBN 978-3-89392-643-5

- Schottland: Central Highlands & Cairngorms NP von A. Vogel, Conrad Stein Verlag, Welver 2007, ISBN 978-3-86686-190-9
- Schottland: Western Highlands von A. Vogel, Conrad Stein Verlag, Welver 2008, ISBN 978-3-86686-191-6
- Schottland: Munros von H. Engel, Conrad Stein Verlag, Welver 2010, ISBN 978-3-86686-246-3
- Mitte des 19. Jahrhunderts hat Theodor Fontane eine Schottlandreise unternommen und darüber in einem lesenswerten Buch berichtet. Inzwischen hat der Westermann Verlag eine leicht gekürzte Neuauflage mit hervorragenden Bildern herausgebracht: Jenseits des Tweed - Eine Schottlandreise auf den Spuren Theodor Fontanes mit Texten von Th. Fontane und Fotos von D. Blase, Westermann Verlag, Braunschweig 1987.

Englische Wanderführer zum West Highland Way
- The West Highland Way - Official Guide von B. Aitken & R. Smith, Birlinn 2010, ISBN 978-1-841831-32-9
- West Highland Way von T. Marsh, Cicerone Press 2007, ISBN 978-1-852843-69-4
- West Highland Way von A. Burton, Aurum Press 2008, ISBN 978-1-85413-381-8

Englische Wander- und Bergführer zu Gebieten entlang des West Highland Ways
- Fort William and Glen Coe Walks von H. Brown, Jarrold Publishing, 1992, ISBN 978-0-711705-71-5
- Loch Lomond and the Trossachs National Park von H. Taylor & M. McCrossan, Jarrold Publishing, 2005, ISBN 978-0-711738-60-7
- The Scottish Highlands Hillwalking Guide von J. Manthorpe, Trailblazer Publications, 2005, ISBN 978-1-873756-84-3
- Walking the Munroes: Southern, Central and Western Highlands Vol. I, Cicerone Press, 2004, ISBN 978-1-852844-02-8

☺ Nützliche OutdoorHandbücher "Basixx" - Basiswissen für draußen aus dem Conrad Stein Verlag ☞ 💻 www.conrad-stein-verlag.de.

Index

Ben Nevis hüllt sich in Nebel - wie immer! (ir)

Index

A

Abhainn Shira	129
Adressen	25
Allt Coire an Dothaidh	123
Allt Coire Chailein	121
Allt Kinglass	121
Allt Orain	128
Allt Rostan	102
Allt Tolaghan u	129
Alternativroute	84, 130
Altnafeadh	139, 141
An- und Abreise	28
Ardlui	105
Auch Farm	121
Auch Gleann	121
Auchtertyre Farm	115
Ausrüstung	32

B

Ba Bridge	132
Ba Cottage	133
Balmaha	83, 84, 88, 89
Beinn a' Chrùlaiste	139
Beinn Dorain	118, 123
Beinn Odhar	120
Ben Glas Burn	105
Ben Inverveigh	127
Ben Lomond	85, 94
Ben Nevis	145, 148, 155
Ben Nevis Distillery	154
Black Mount Lodge	132
Black Mounts	127
Blackrock Cottage	134
Blair Burn	90
Blanefield/Strathblane	77
Bridge of Orchy	118, 121, 126
Buachaille Etive Mor	140
Burn of Mar	85

C

Cailness Burn	99
Callert	146
Carbeth	73, 77
Carbeth Loch	76
Carmyle Cottage	108, 110
Cashel Farm	92
Clach Leathad	130
Coire na Tulaich	140
Conic Hill	84, 85
Corbett	48
Country Code	33
Countryside Ranger	35
Craigallian Loch	76
Craigie Fort	90
Crianlarich	108, 111, 113
Crom Allt	115

D

Dail Righ	115
Derrydorach	110
Devil's Staircase	142
Die Lowlands	73
Diplomatische Vertretungen	36
Doune Bothy	101, 102
Doune Farm	102
Drymen	77, 81, 83
Dubh Lochan	105
Dumgoyne	80
Dun Deardail	149

E

Easter Drumquhassle Farm	80
Einreise	36
Elektrizität	37
Endrick Water	85
Etappeneinteilung	14

F

Falls of Falloch	110
Farm Lairigmor	146
Farm Tigh-na-sleubhaich	146
Fauna	22
Fernwanderweg	13
Flora	20
Fort William	148, 151

G

Garadhban Forest	84
Gartness	80
Geld	38
Geografie	18
Gepäcktransport	40
Gewichte	45
Glasgow	70
Glen Coe	139, 141
Glen Falloch	105
Glen Nevis	159
Glengoyne Distillery	78

H

Haustiere	41
Heilige St. Fillan	114
Highland Games	154
Highland-Boundary-Fault	85

I/J

ictoria Bridge	126
Inchlonaig	92
Information	41
Inverarnan	101, 106, 108
Inverlochy Castle	153
Inversnaid	96, 100, 101
Island I Vow	102
Jagdsaison	43

K

Kapelle des Heiligen Fillan	114
Kartenmaterial	43
Keilator Farm	110
Kilandan Burn	85
Kingshouse Hotel	130, 135, 139
Kinlochleven	139, 143, 145
Kirkton Farm	114
Kleiner Sprachführer	162
Klima	23
Kreditkarten	39

L

Lammsaison	44
Literaturtipps	164
Loch Lomond	14, 85, 89
Loch Tulla	129
Lochan Lunn Da Bhra	145f, 148
Lochan Meall an t-Suidhe	157
Lochan Mhic Pheadair Ruaidh	132

M

Mam Carraigh	126
Mam na Gualainn	146
Marilyns	49

Markierung	18	**S**	
Maße	45	Sallochy Cottage	92
Medizinische Versorgung	46	Sicherheitshinweise	51
Milarrochy	90	Snaid Burn	99
Milngavie	15, 72, 73, 74	Sportveranstaltungen	53
Milton of Buchanan	84	Sroin Uaidh	102
Mücken	54	Stechfliegen	54
Mugdock Wood	76	Stob Dearg	139, 140
Munro	47	Stob Ghabhar	130
		Stob Mhic Mhartuin	142
N		Strath Blane	77
Neptune's Staircase	153	Strath Fillan	113
North Ballachulish	146	Streckenführung	13

P/Q

Polizei	49	
Post	49	

T

Ptarmigan Lodge	96	
Queen Elizabeth Forest Park	90	

Telefon	56
The Clachan	82
Trinkwasser	57
Tyndrum	113, 116, 118
Tyndrum Lower Station	116

R

Rannoch Moor	127, 129
Rauchen	50
Reisedauer	14
Reiseveranstalter	50
Reisezeit	17
River Cononish	115
River Coupall	139, 140
River Falloch	108
River Fillan	113, 114
Rob Roy MacGregor	98
Rob Roys Höhle	102
Ross Wood	92
Rowardennan	89, 93, 96
Rowchoise Bothy	98

U

Umwelt- und Naturschutz	26
Unterkunft	58

V/W

Victoria Bridge	129, 130
Wandersaison	17
Wettervorhersage	63
Whisky	64
White Corries	133

Z

Zecken	54
Zeit, Zoll	66

Landkarten
Wanderkarten
www.geobuchhandlung.de

Hygiene- & PflegeProdukte

Trinkwasserhygiene im Urlaub und auf Reisen
Auf Silberbasis mit und ohne Chlor.
Wirkt gegen Bakterien, Viren Amöben und Giardien.

MULTIMAN® Peter Gelzhäuser GmbH · Postfach 1207 · D-82168 Puchheim · Fon: (+49) 089 800 718 35
Fax:(+49) 089 800 718 36 · info@multiman.de

www.multiman.de

---

freytag & berndt
www.freytagberndt.com

SCHAUEN SIE UNS RUHIG IN DIE KARTEN!

BESUCHEN SIE UNSEREN WEBSHOP

ERHÄLTLICH AUCH IN JEDER GUT SORTIERTEN BUCHHANDLUNG

WIEN · MÜNCHEN · PRAHA · BRATISLAVA · BUDAPEST · LJUBLJANA · MADRID

Auf den britischen Inseln unterwegs mit OutdoorHandbüchern aus dem Conrad Stein Verlag

Band 26
ISBN 978-3-86686-315-6

Band 191
ISBN 978-3-86686-191-6

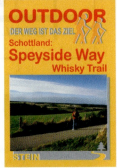

Band 43
ISBN 978-3-89392-643-5

Band 190
ISBN 978-3-86686-190-9

Band 247   erscheint 2011
ISBN 978-3-86686-247-0

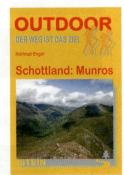

Band 246
ISBN 978-3-86686-246-3

Jeweils beschriebener Wegverlauf siehe Karte innen!
Alle Bücher können in jeder Buchhandlung, in vielen
Ausrüstungs- und Sportgeschäften oder unter
www.conrad-stein-verlag.de bestellt werden.

Conrad Stein Verlag, Kiefernstr. 6, 59514 Welver,
☎ 02384/963912, ✉ info@conrad-stein-verlag.de

Band 92, ISBN 978-3-89392-192-8

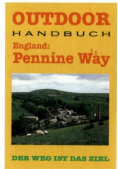

Band 64, ISBN 978-3-89392-164-5

Band 174, ISBN 978-3-86686-174-9

Band 150, ISBN 978-3-89392-550-6

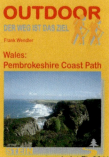

erscheint Fj. 2011
Band 242, ISBN 978-3-86686-242-5

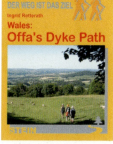

Band 98, ISBN 978-3-86686-088-8

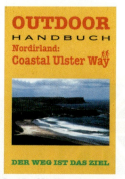

Band 74, ISBN 978-3-89392-174-4

Band 53, ISBN 978-3-86686-298-2

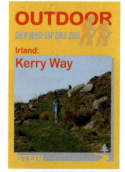

Band 62, ISBN 978-3-89392-362-5

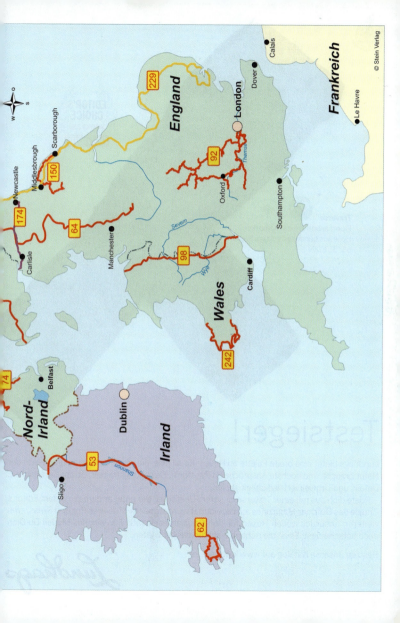

Traverse
Fluorcarbon-freie Wildmarks-Hose aus Lundhags' einzigartigem 65/35 ECO.

Testsieger!

Lundhags bietet eine breite Palette an Hosen: für all jene, die wissen, was man draußen in der Natur braucht, und höchste Ansprüche an Passform, Bewegungsfreiheit, Strapazierfähigkeit, Details und Umweltverträglichkeit stellen.

Rüste dich aus mit einer Traverse, unserem Bestseller, der unter anderem mit dem Editor's Choice des Outdoor Magazines ausgezeichnet wurde, oder mit Traverse Pro und Swiss, zwei weiteren anspruchsvollen Hosen für den Ganzjahreseinsatz. Für welches Modell Du Dich auch entscheidest: Es ist die richtige Wahl für alle Aktivitäten.

Bestelle unseren Katalog auf www.lundhags.se